星讀物語

怡慧老師十二星座的閱讀配對處方箋

宋怡慧

海內外十二星座跨界專家齊聲推薦

牡羊座

陳慧敏　新加坡南華中學華文部主任
何則文　作家
李榮哲　北市建國中學國文教師
陳新平　中華民國明日閱讀協會常務理事
溫美玉　作家
葉怡麟　新北市福和國中國文教師
葉奕緯　彰化縣田中高中數學教師
蔡耀昇　雲林縣建國國中教師
賴人碩　繼光工務所＆賴人碩建築師事務所老闆
　　　　第三屆ＡＤＡ新銳建築獎得主
蘇偉銓　南一書局總經理

金牛座

古秀菊　新北市海山高中校長
向鴻全　中原大學通識教育中心副教授
胡惠玲　國立中山大學附中圖書館主任
侯惠澤　國立台灣科大應用科技研究所
　　　　科學教育與數位學習組教授
徐欣怡　臺北市立龍山國中教師
　　　　臺北市教師公會理事長
許育健　國立臺北教育大學語文與創作學系主任
陳昭珍　國立臺灣師範大學教務長
郭哲志　國立員林高中圖書館主任
黃琇苓　國立苗栗高中教師

雙子座

周德嫌　輔仁大學師培中心兼任講師
胡展誥　諮商心理師
徐淑敏　新北市碧華國中校長
徐掌瑛　財團法人國紹泌尿科學教育基金會秘書長
（采珠有限公司負責人）
高詩佳　作家
陳清圳　作家・雲林縣樟湖生態國中小校長
張聖山　高雄市新上國民小學教師
曾明騰　作家・台中市龍津高中教師
黃毅娟　香港學校圖書館主任協會主席
曾慧娟　新北市丹鳳高中校長
鄭俊德　百萬閱讀人粉絲團創辦人
蕭裕奇　作家・台北市修德國小教師

巨蟹座

厭世哲學家　作家
江福祐　新北市板橋國小教師
吳育仲　屏東縣高樹鄉舊寮國小教師
柯淑惠　臺北市立東湖國中校長
洪華穗　北市麗山高中國文教師
倫雅文　香港學校圖書館主任協會理事・
中華基督教會協和小學（長沙灣）圖書館主任
陳欣希　作家・台灣讀寫教學研究學會理事長
陳郁如　少年小說奇幻作家
黃怡嘉　彰化縣民生國小教師
蔣竹山　中央大學歷史所副教授
蔡淇華　作家・教師

獅子座

毛世威　陸軍軍官學校機械系教授
邢小萍　台北市永安國小校長
祝育晟　新北市實踐國小教師
陳政一　澎湖縣文光國中教師
張青松　臺北市立中正高中教師
陳曉芳　國立斗六家商教師
鄧安琪　新北市樟樹實中教師
劉怡瑩　臺中市和平區自由國小烏石分校教師
魏裕昌　中國文化大學資訊傳播學系教授
嚴忠政　詩人

處女座

文士豪　臺北市立建國中學圖書館主任
王文仁　虎尾科技大學通識教育中心教授
李洛克　故事革命創辦人
吳韻宇　師鐸獎得主．教育部磐石獎推手
陳志銳　新加坡華文教研中心主任
陳建銘　台中市忠明高中教務主任
黃秋琴　桃園市龍潭國中教務主任
黃麗禎　國立師大附中國文教師
蘇健倫　桃園市壽山高中歷史教師

天秤座

余遠炫　歷史專欄作家
俞松伯　宜蘭縣慧燈中學教師
孫志麟　國立臺北教育大學教育經營與管理學系
黃婉如　南投縣草屯鎮僑光國小教師
楊朝淵　作家．國立清水高中教師
賴以威　教授．作家
賴來展　新北市立金山高中校長

天蠍座

唐綺陽　占星專家
敏鎬的黑特事務所　作家
庄琇鳳　馬來西亞吉華獨立中學校長
李孟樺　虎尾科技大學副教授
宋挺美　新北市立八里國小輔導主任
汪　蓓　漢聲廣播電臺節目主持人
邱婕歆　高雄市五福國中教師
高宜敏　國立台灣科技大學數位學習與教育研究所所長
　　　　國立台灣科技大學師資培育中心主任
凌性傑　作家
張永慶　馬來西亞波德申中華中學校長
許扶堂　夢N國小數學總召
陳柏洋　新莊高中教師（厭世國文老師）
曾期星　新北市立蘆洲國中教師

楊明勳　博士・嘉義縣網協助教師
褚樹榮　正教授、寧波市教育局教研室副主任
鄭翔榛　基隆市立明德國中圖書教師
謝承志　資深故事人、教育工作者
蔡餘宓　台中市居仁國中國文教師

射手座

許悔之　詩人・藝術家
滕闢節　台灣影評人協會理事長
黃浩勳　台中市沙鹿國中教師
謝易霖　金鼎獎推薦作家
李正吉　輔仁大學圖資系主任
楊曉菁　作家・政大附中教師
鄭來長　國立臺灣圖書館館長
彭菊仙　親子暢銷作家

摩羯座

王勝忠　臺中市圳堵國小輔導主任・國立臺中教育大學兼任助理教授
張道榮　作家・台北市博愛國小教師
李柏翰　師大附中教師
吳麗琪　馬來西亞巴生濱華中學校長
陳麗雲　作家・夢N國小國文組總召
陳琬婷　嘉義縣教育局高中課程督學
彭仁星　苗栗縣永貞國小教務處主任
吳宜玲　新北市景美國中教師
高敏馨　國立蘭陽女中教師
吳勇宏　國立宜蘭高中教師
劉重佐　雲林縣永年中學教師

水瓶座

王禎娸　台中市北勢國中教師
吳若權　作家・廣播主持・企管顧問
李貞慧　作家・高雄市後勁國中教師
李敏華　雲林縣麥寮高中教師
陳志強　馬來西亞吉打雙溪大年新民獨立中學校長
陳威儀　台南市崑山國小教師
陳鳳貞　彰化縣大竹國小教師
黃益中　高中公民老師・《思辨》作者
劉怡伶　台中市宜欣國小教師
歐陽立中　作家・新北市立丹鳳高中教師

雙魚座

方麗萍　苗栗縣公館國中校長
吳昌諭　新竹市三民國中教師
石惠美　台北市華江高中教師
邱照恩　新北市南山高中教師
林德俊　詩人・熊與貓咖啡書房&樸實文創主人
林曉茹　新北市國教輔導團專任輔導教師
陳佳釧　新北市頂埔國小教師
陳建佑　台北市泰北高中校長
陳惠青　國立新竹高工圖書館主任
陳聖智　國立政治大學傳播學院副教授・國家教育研究院主秘
黃月銀　臺北市立中山女高國文教師
蔡宜芳　新北市立桃子腳國中小教務主任
蔣錦繡　新北市立中和高中教師

星讀知汝心——名人短語推薦

星座不只可以預測運勢，也可以成為孩子閱讀的方向指引。怡慧老師這本《星讀物語》，是國內閱讀教育的嶄新創舉，用多年的教學經驗跟星座研究，讓老師跟孩子可以根據星座，找到適合自己的好書，真的值得每一位關心學生的老師們細細品嘗。

——**何則文（作家）**

透過星座了解自我，從閱讀中找路、實現內在心靈花園的富足。《星讀物語》，讓年輕朋友更靠近、也更深入文字的奇幻魔法，在文字背後建構自己日後的美麗世界。

——**許悔之（詩人・藝術家）**

怡慧簡直是個天生的「閱讀魔法師」，如此靈動又深度的《星讀物語》，讓我馬上想領著孩子墜入十二星座迷人的書海。

——溫美玉（作家）

獅子蹲下，巨蟹爬出老靈魂，水瓶打開瓶口。「開始了！」射手放下弓箭說。整片天空於是安靜下來，凝視宋怡慧捻起星圖的餘燼，輕輕句讀繁星。

——蔡淇華（作家・教師）

星座是每個世代的青少年共同話題，他們對未來、對自己徬徨，星座成了一座燈塔，指引他們的未來。怡慧老師的新書，用閱讀將這座燈塔點得更加明亮。

——賴以威（教授・作家）

我相信她的書從來都是最有表情的紙張，可以是星星的培養皿，可以請故事禮讓。所謂閱讀，是到自己的心裡走走。

——嚴忠政（詩人）

自序　我為你而來——《星讀物語》

「星座×閱讀」，終於，走到，最後一步的作者序！

每寫完一本書，心裡總是忐忑的，卻也是無比甜美的。從構思發想、蒐集資料、動手開寫，內含許多辛酸血淚，但更多的是，圓滿成就這些事情的貴人們：書中每個故事都是自己真愛的小孩，都是自己與孤獨相處，與繆思相伴，才有機會誕生。一字一句串接而成的是：「我為你而來」的許諾。

此生，你信了我，絕對全力以赴。這一世，有緣，我為你盡力馳騁。

謝謝給我機會嘗試書寫《星讀物語》的悔之社長，有鹿上下的暖心讓我折服；于婷編輯的專業讓我信服。看似萍水相逢、素昧平生，感謝眾人的助成，掛名者的加持，一本內外兼美的《星讀物語》趁勢生起。

回望青澀熾熱的年歲，曾認真追尋一瓢清淺；用心收藏微塵驕傲，痴心地纜繩結在伊人的舟身。日夕遞嬗，星座讓我學會不再忸怩表態，閱讀讓我凝練自珍自愛的身影，最終，解開結舟死結，瀟灑航行。

你問我：書寫這本書《星讀物語》的初衷為何？

新世代的孩子們很愛閒聊星座，卻很排斥主動閱讀。「星座×閱讀」，兩者都是可以為黛綠年華的孩子解惑的知己。

因此，我把「星座×閱讀」合嵌，用來觀察人事、判斷是非、分析態勢。我不敢說，你能從中百分百看透、讀透人心、人性。但是，「星座×閱讀」是人際關係的某種催化劑。它讓你輕鬆建立友誼、順利打破僵局，是人際不敗的聖經。

水化成雲，雲化歸水，若純粹還在，閱讀猶如琢磨的歷程，生命悄然理解「大寂寞」、「大孤獨」是生命原色，唯能來來回回，承受內在對話的短兵相接，最終，如雲水循環般，你保有最初「說真、讚善、喻美」的靈魂。

無論生命以何種姿態開展，種種濃淡、輕重的情感都是人生的試煉，千山萬水走一遭，你終於明白：有些人、有些事，看似近在咫尺，實是遠在天涯，唯有放手能讓煩憂遠颺；唯有放心能讓思念成釀。

時光，無法重疊在一個人身上，或過客停歇，或常客駐足，緣起緣滅，看似一劫，亦是重生的契機。

「星座×閱讀」教你的是人性，不是迷信。

某種程度，星座可視為一門極度迷人的學問。你可以當統計學去探究其中的奧妙；你也能當成大數據去歸納其中的人情。

我曾以為此生行路難。星座學讓我簡單地對望另一個陌生的我，它說對了，我有修正我執的方向與依歸；它言偏了，我覺察自己是不受天性束縛。無論對與錯，開始習慣往內在去探索；無論好與壞，我開始放下束縛我的喧囂。被現實放棄過的自己，如何勇敢地朝天一躍？被夢想分手過的自己，如何誠實地重拾純真？

閱讀給我強大的自癒力：每個困頓，心頭拂過閱讀的風，心就靜下來；每個傷痛，心湖流過閱讀的水，情就竄動了。

年年歲歲，歲歲年年，荼蘼花事，終於懂了：自己有未了的夢，得認真走一回絕美的天命。

回首過往，演講主題最受歡迎的議題就是星讀物語——它幾乎是呈現場場爆滿、欲罷不能、瞬間圈粉的景況。猛然發覺：青少年對愛情、友情、親情、人生、讀書、交友、表達、人際、我是誰……總是身陷迷霧，卻無從尋求真正的答案，眼中的迷惑，誰能解惑？

畢竟沒有人能複製誰的人生，任何的坎都要自己過，任何的問題都得自己面對的呀！

「星座×閱讀」的合盟，讓我們被說穿，被看透，卻滿心歡喜。它雲淡風輕地篩下對世間的憤懟，留下更清明澄澈的性靈。應對進退之間，經典端正你的一生步履；人情流轉之中，文學盪開一世恩怨情仇；路途段窮之際，科學婉轉一段柳暗花明。《星讀物語》每個字裡行間，讓你看盡世紀華麗的虛華泡影，讓你看懂生滅榮枯的人生無常，浮世跋涉，找一個靈犀相通，尋一個相忘江湖。

這本書的生成是「我為你而來」的許諾。不改的初衷，不變的痴心：替你們許下一個與閱讀相遇的燦美祈願。書在不同的路徑為我們提燈，即使一半清醒一半醉，還能找到回家的路。

如果，你正打開《星讀物語》就會發現：星座與閱讀燦亮人生路的故事，文字與繆思安頓悽惶的現世，即使載浮載沉，也能找到風裡浪去的寧靜自適。

我們不說教，請把哭過笑過的歲月，用《星讀物語》當眉批，痛快淋漓地共走在星座閱讀的風景裡；我們不講理，請把電光石火的美麗，用《星讀物語》為句讀，微醉能醒地泅泳在星座閱讀的汪洋中。

無論生活是靜靜默默抑或風風火火，《星讀物語》讓你堅持相信：人心若暖了，茶未涼、人未走，有夢就有路。若能帶一卷書行旅，就能旖旎「你、我」星讀好風景。

一本為「你」而來的書，說的是我們與星座、閱讀的故事。請在闔起扉頁的霎時，與我在山窮水盡處悄然相見，讀與不讀都是愛。請在故事章節的罅縫，與我在浮世倒影裡相視而笑，讀與不讀都是情。

目錄

第二大題：課業與人生方向

第三大題：家庭與親子溝通

第一大題：戀愛與友情

愛上真正的我——認識自己、喜歡自己

你真的喜歡自己真實的模樣嗎？

美國組織心理學家塔莎・歐里希（Tasha Eurich）把「自我覺察」定義為一種清晰地認識自我的意願和能力。她在《深度洞察力》指出：「自我覺察（self-awareness）是二十一世紀生存最重要的技能之一。」親愛的，請認真地想想：你真的認識自己嗎？知道自己內在真正的模樣？擁有什麼真實的能力？清楚理解別人是怎樣看待我們的？

關於自己，我們竟然擁有這麼多的疑惑，美國加州大學心理學教授喬瑟夫・魯夫特（Joseph Luft）與哈利・英格漢（Harry Igham）則提出一個能促進人際溝通的「周哈里窗模式」（Johari Window），從與他人互動中，進而增進自我認識與了解真正的自我，他們把這扇窗的四個區域，分別稱為：

1 開放自我（open self）：所有人都看得見的區域。

2 盲目自我（blind self）：自己看不到，他人卻一目瞭然的區域。

3 隱藏自我（hidden self）：對外封閉的區域，只有自己知道的區域。

4 未知自我（unknown self）：無人可探觸的區域，誰都看不到。

「自我覺察」是從真正認識自己、關心自己做起，喜歡自己的人才有機會溫柔對待他人，建立良好的人際關係。那麼，我們先從認識十二星座的特質，與建議閱讀的書單，開始理解自己優勢與劣勢、威脅與機會，透過「星座×閱讀」的對話，往更好的自己邁進。

火象星座：眾星拱月的巨星們

♈ 牡羊座：劍及履及的行動派

牡羊座願意跳脫舊思維，與生俱來的正義感，是劍及履及的行動派，也是時代革新的先驅。慷慨的義氣，像拓荒者的堅韌意志力，讓牡羊座擁有披荊斬棘、篳路藍縷的魄力與鬥志，是天生的領導人物。牡羊下定決心要做的事，十之八九總能美夢成真。熱愛自由，不受拘束的牡羊思考事情，較以自我為中心，偶會給人好爭、衝動的負面觀感。不經思考的直率，招來樹敵的危機，在人和的情勢上就相形見絀，做事容易三分鐘熱度，遭致虎頭蛇尾的負評。樂於分享、不藏私的牡羊，你的機會點就在利他利己的形象。**《一張六十億人都坐得下的餐桌》**的作者茱蒂．威克斯（Judy Wicks）是一位人道主義者，她以咖啡館為起點，致力於實現食物正義！利他的人格特質與牡羊座恰好契合，做事充滿衝勁與幹勁，喜歡幫助弱者的牡羊，只要掙到一分錢，也要資助被世界遺忘的角落，果真是貢獻度最高的星座。

♌ 獅子座：堅強可靠的王者

獅子座是驕傲寬厚、堅強可靠的百獸之王，天生的領袖魅力，有王者般高貴的氣質，做事光明磊落。熱愛熱鬧的獅子，更是眾星拱月、萬人矚目的巨星。不過，獅子座強大的野心、專橫的侵略性、流於剛愎自用的優越感，讓獅子座易陷入好大喜功、自以為是、無法蹲低屈就的劣勢。獅子座若想要趁勢翻身，可從林育聖（鍵人）**《聽說**

你在創業》這本有關責任與煎熬的創業散文書，得到很大的啟發。它讓獅子座更全觀地看待自己在工作與人生中的位置，不只教會獅子座要當好個老闆，也讓他學會傾聽員工的心聲。所謂「一日之所需，百工斯為備」，老闆是職位，也是人生的選擇，每個人都需要夥伴互挺、各司其職，就像書中說的：「權力不是絕對的存在，都是來自於有人願意交付與信任。」一位優質的獅子座領導人，記得要善待身邊夥伴，榮辱與共，才能擁有他人真正的信任與真實的權力。

♐ 射手座：朋友的心靈救世主

多才多藝又喜歡交朋友的射手座，對朋友十足到位的仁慈大方，實在是要給他拍拍手、放煙火的。具有貴族氣息的射手座，一站到舞台上來，就是內外都高人一等的驕傲孔雀。射手不只善於觀察又詼諧，對於外在品牌經營也是首屈一指的。不過，射手座也是極度矛盾的星座，遇到抉擇時，偶爾還會帶有神經質的反覆無常。過於聰明的心直口快，喜怒太形於色，不只容易得罪人，還會帶來偏激的觀感。射手座是天生的哲學家，對人生充滿理想性，行動力特強，善於鼓舞他人，簡直就是朋友界的心靈救世主。**《湯姆歷險記》**作家馬克・吐溫（Mark Twain）以自己美國南方小鎮的故鄉為藍本而塑造出來的湯姆男孩，不只風靡所有人，明亮開朗與善良正直的湯姆在日常生活呈現的點點滴滴，就是射手的人生態度。對於制式學習的奮力掙扎、不時激盪讓人拍案叫絕的好點子，透過湯姆純真的視域，美好的童心，篩下成人世界的複雜與虛假，得到反璞歸真的沉澱。藉由湯姆的冒險經歷，射手座也跟著湯姆一起闖關而長大，一如湯姆是所有孩子的朋友，而射手座是所有星座最想親近的朋友。

風象星座：來去自如的自由靈魂

♊ 雙子座：是小天使也是小惡魔

雙子座做事敏捷、領悟力高，不只對新奇事物保有探索的求知欲，也願意捲起袖子，不只大膽假設，也服膺小心求證的實踐力。雙子座辯才無礙又果敢獨斷，像極處變不驚、慎謀能斷的謀略家。不過，雙子座有雙重性格，內心的小宇宙常有小惡魔與小天使的廝殺與拉扯，讓他時而明朗，偶又陷入陰鬱的矛盾，讓人難以捉摸，給人飄忽不定的錯覺。沒有安全感又極度渴望被疼愛的雙子，表面看似樂觀熱誠，心中卻常處於悲觀孤冷的情境。求新求變又性格多變的雙子座優勢就是「斜槓」(Slash)。Slash恰是雙子的生活態度。他們對於環境的適應力強，面對擁有多種職業、變化性強的生活，不只駕馭性高，還常有驚人的創舉。一如**《斜槓青年：全球職涯新趨勢，迎接更有價值的多職人生》**作者Susan Kuang說的，斜槓不是迫於生存，而是不甘平庸！斜槓，不是身兼很多種賺錢的方式，而是讓自己擁有許多真正熱愛的事物。多才多藝、善於交際、風趣幽默的雙子快透過不同管道，讓你的才華和機會超展開吧！

♎ 天秤座：一生都在追求理性與感性的平衡

號稱強力放電機的天秤座，是人見人愛的星座。他們明辨善惡是非，追求物質精神的平衡，不只富有同情心，還有縝密的邏輯感，讓他們在社交圈中因事制宜而擔負起朋友間調停的工作。天秤座處事既明快又優雅，因不喜歡爭執的場面，常會避重就輕，反而鄉愿地委屈真正的受害者、姑息加害者。天秤座重視形象，有浮誇虛榮的一面，加上不願意讓缺點曝光，總是把自己最亮麗的一面，呈現在眾人面前。就像張愛玲《**傾城之戀**》說的：「人人都關在他們自己小小的世界裡，她撞破了頭也撞不進去。」只要天秤座不願打開心扉，任誰也進不去。在東西文化衝擊下的范柳原，外表看似風度翩翩、內在卻是玩世不恭的富二代。當他遇見一個懂他、愛他，能與他相知、相惜的白流蘇，范柳原雖有著天秤優柔寡斷、猶豫不決的特質，面對愛情，他還是賭上《詩經》中「死生契闊，與子成說，執子之手，與子偕老」的信諾，就像在說不盡的蒼涼故事的城，白流蘇貼著冰冷鏡子、野火花燒上身的吻，范柳原百般評估後，還是賭上了半點真心，一如天秤座所追尋的，理性與感性平衡的人生。

♒ 水瓶座：一攬理性與知性的氣質

水瓶座有著理性的判斷力，呈現獨特迷人的知性氣質，是公認天才型的星座。對於任何事物都具備深入探究的思辨力，水瓶座重視文化的多元性，善於集結眾人，打破社會不公平的階級與制度。水瓶座因過於相信自己的覺知與判斷，不容易受他人言行影響，因此過分執著、太理想化，反讓問題被放大而失焦，淪為獨斷獨行的異議分子。水瓶座應善用天生優勢去了解事物的本性，成為改變社會的科學家或研究者。就像狄更斯（Charles Dickens）在**《雙城記》**說的：「這是最好的時代，這是最壞的時代；這是智慧的年代，這是愚蠢的年代。」狄更斯極具多元觀點的書寫，把英國和巴黎雙城的故事交替進行，敘述曼奈德醫生一家人的遭遇：遭到貴族迫害，導致家破人亡，最後因為愛讓他們奇蹟重逢。狄更斯揭露社會底層的黑暗，也守護人性燦美的光輝，讓水瓶座明白：善用自己知性的人道關懷與針砭時事的觀察力，能為這個世界創造一個更光明的時代。

水象星座：最細膩的浪漫

♋ 巨蟹座：念舊的老靈魂

對人事念舊、具有老靈魂的巨蟹座，不只有超凡的領悟力和獨特的觀察力，過目不忘的驚人記憶力，更是讓人嘖嘖稱奇。巨蟹座重視親友關係的親密鏈結，帶給周遭之人十足的溫暖與安定感，是十二星座家庭觀念最強烈的。巨蟹座是跟著感覺走的人，常因過於保護自己與身邊的人，與一般人的相處會不自覺地豎起護己的高牆，讓人感受到防禦心強、疑心病重的隔閡。沒有野心的巨蟹座偶會給人不積極、不靠譜的錯覺，其實巨蟹可以善用暖心服務的品牌，助你找到「逆轉勝」的人生，如**《有種生活風格，叫小鎮》**作者何培鈞歷經負債千萬的百鍊艱辛，從民宿「天空的院子」，找到舊屋重生的小鎮天空，帶領一群人凝聚「小鎮文創」的家人共好信念，讓巨蟹嘗到為家族、土地圓夢的甘甜美味，尋回巨蟹座迷人又愛家的獨有情調。

♏ 天蠍座：外表冰山，內心火山

天蠍座外表看起來冷靜，內心卻滿溢豐沛的熱情。他們是天生的獵人，擁有過人的精力和膽識，決定獵物目標後，絕對不會輕易放手。天蠍座最大的困境在於情緒管理。平和的時候，天蠍是神祕又可親的；暴怒的時候，天蠍是善妒自私的。天蠍座對所愛不遺不棄，也是朋友最忠實的依靠。暢達的口才，常讓身邊的人卸下心防，與之傾訴或求助。天蠍座的機會點是控管好自己的情緒，展現洞悉事物的智慧與自信，學習接納他人建議，包容異己，創造共好的藍海策略。**《我們都會好好的》**作者肆一要天蠍正視傷心、寂寞、不安、否定、嫉妒，甚至是憤怒等負面情緒，學習與它們相處，一個人唯有學會照顧自己，讓自己可以好好的，才有能量給予他人更多的愛與關懷。如果被傷害的天蠍很想退縮時，請給自己一點勇氣，找到讓「自己好好」的方式前進，有自信的天蠍散發的光彩，永遠是最繽紛絢麗的。

♓ 雙魚座：最懂浪漫爲何物

才華洋溢、天真清新的雙魚座是十二星座最有人情味的人，不只性格如水，感情也十分豐富，雙魚座從不對他人的苦難袖手旁觀，極富有同情心。但是，從不掂掂自己的斤兩，一股腦兒地投入他人的事物，常常演變成愈幫愈忙的窘狀。雙魚座對於喜歡的人事物容易耽溺，忘記現實的殘酷，變成需要他人接濟、寅吃卯糧的月光族。不過，雙魚美好的同理心，願意處處站在別人的立場著想，常會感動他人來幫助他。體貼浪漫的雙魚座，常會有死忠兼換帖的粉絲如影隨形，讓雙魚備感溫馨。其實雙魚座喜歡享有的感動，而不是擁有的私藏。就像**《牧羊少年奇幻之旅》**保羅．科爾賀（Paulo Coelho）寫的：「當你真心渴望某件事時，全宇宙都會聯合起來幫助你。」雙魚座只要願意憑藉恆心與毅力、保有熱情與堅持，面對困難，給自己正面的信念，不管繞多少路，以堅定無比的勇氣，守護初衷，就能走向夢想的彼岸，看見美麗的人生桃花源。

土象星座：最穩重的靠山

♉ 金牛座：美與恆毅力的最佳代表

金牛座誠實溫暖、態度穩重，與人相處不管閒事、重視和諧。天生的審美直覺，讓金牛的生活情境充滿藝術的美感。金牛座忍耐度高、堅持到底，是受人信賴的好夥伴。不過金牛座鑽起牛角尖、發起脾氣來，就無人能勸阻。頑固的程度顛覆平日給人的印象，反成缺乏協調、不知變通的死硬派。缺乏應變力的金牛，常會給人慢半拍的負評。過於自我設限，凡事過於保守，缺乏求新求變的勇氣，導致錯失良機而鬱鬱寡歡。凡事三思而後行，專注所學，在意細節的金牛，你的機會點就在善用金牛的恆毅力突顯自己的價值。**《恆毅力：人生成功的究極能力》**作者安琪拉．達克沃斯博士（Angela Duckworth）用科學實證說明：為什麼擁有優秀的資質不保證就有好成就？為什麼努力比天分加倍重要？這樣的論述帶給金牛很大的鼓勵——看來天分或努力，都不是成就的唯一條件，一如金牛擁有的持久熱情與堅持毅力，讓他們的人生有機會找到致勝關鍵。原來，恆毅力是人類擁有高成就的真實原因，人生各方面的優秀都是刻意練習出來，這點實證給了腳踏實地的金牛很大的激勵呢！

♍ 處女座：謹慎小心、體貼入微的出色人才

處女座對人體貼入微，對事一絲不苟，高道德感與批判精神，是一個能改變社會價值的星座。處女座有優越的外交才能，善於談判與分析局勢。即便隱於鄉野，也是被總裁三顧茅廬的出色人才。處女座對自己的才學充滿自信，近乎自戀，喜愛沉思與獨處，常給人高處不勝寒的感覺。重視微小細節與精確度的處女座，或許是易於吹毛求疵的潔癖，常給人管小事、不論大事的龜毛感覺。加布列・賈西亞・馬奎斯（Gabriel García Márquez）的**《百年孤寂》**小說情節既華麗又奇奧，呈現魔幻寫實的風格。他總為弱勢請命的人道精神，明知這群南美洲人的人生結局已被決定，土地的命運無法改變，但是**《百年孤寂》**卻願意以文字為他們的命運奮力一搏。小說結局看似悲觀，卻為我們身處黑暗的長巷開啟一絲希望的曙光，就像處女座一貫給人的仁慈悲憫與對社會

的責任心。走進馬奎斯的小說就像繞入一座迷宮，美麗卻難懂的隱喻，讓你不斷停下來長思。徘徊在作者埋下的伏筆與提示之間，就像處女座謹慎小心的行事風格，處處都有底線，事事都有原則。

♑ 摩羯座：計畫、行動達人

魔羯座是十二星座中最會做計畫、實踐力最高的行動達人。按部就班、循序漸進的魔羯座，即便面對嚴苛的環境，設定目標後仍會持之以恆地使命必達。摩羯座性格忠厚又老實，宛如家人朋友的隱形翅膀，為夢想努力而不屈不撓的奮鬥精神，給人滿滿的安全感。不過，摩羯情感過於壓抑，處事雖內斂小心，有時過於講究現實，容易產生楊朱利己主義的誤解，常被捲入追名逐利的漩渦。因此，摩羯座要發揮善於盱衡情勢、驅吉避凶的優勢，擘劃安身立命、與世無爭的人生藍圖。**《正是時候讀莊子》**作家蔡璧名對莊子的闡釋，能讓摩羯因過於勉強而導致內在的浮躁與不安，找到安頓的力量。摩羯座若能駕馭自己的心，就不會陷入被環境左右的惡性循環。就像「物莫之傷」是有意識地訓練摩羯的心，從脆弱到堅強，不再浮沉於世俗價值的框架，尋回無入而不自得的真實快樂。

怡慧老師「星座 × 閱讀」(一)：認識自己推薦書單

火象星座		
牡羊座	**獅子座**	**射手座**
一張六十億人都坐得下的餐桌：守護社區40年，社企女先鋒的「關懷式經濟」實踐之旅 茱蒂・威克(Judy Wicks)│臉譜	聽說你在創業 林育聖(鍵人)│有方文化	湯姆歷險記：永遠的少年英雄 馬克・吐溫(Mark Twain)│木馬文化
風象星座		
雙子座	**天秤座**	**水瓶座**
斜槓青年：全球職涯新趨勢，迎接更有價值的多職人生 Susan Kuang│圓神	傾城之戀 張愛玲│皇冠	雙城記 狄更斯(Charles Dickens)│桂冠出版
水象星座		
巨蟹座	**天蠍座**	**雙魚座**
有種生活風格，叫小鎮：天空的院子：翻轉地方的夢想、信念、價值 何培鈞│天下文化	我們都會好好的：不安沒關係，脆弱與寂寞也沒關係，今天的你會很好，明天也是 肆一│三采	牧羊少年奇幻之旅 保羅・科爾賀(Paulo Coelho)│時報出版
土象星座		
金牛座	**處女座**	**摩羯座**
恆毅力：人生成功的究極能力 安琪拉・達克沃斯(Angela Duckworth)│天下雜誌	百年孤寂 加布列・賈西亞・馬奎斯(Gabriel García Márquez)│皇冠	正是時候讀莊子：莊子的姿勢、意識與感情 蔡璧名│天下雜誌

手拿告白氣球——可不可以讓我喜歡你？

如何跨出第一步，從友達到戀人？

如何打破沉默，讓對方知道：你是喜歡他的？

學校教你讀書，卻沒有教你情感教育中，如何告白的祕訣？

做任何事都一樣，除了膽大心細的規劃，事先做好準備，即便冒險也會身帶籌碼。「星座×閱讀」就是你找到適切的方法，可以放心前進的支持。

或許，有人認為：星座的推測或歸類常會因人而異，無法獲得百分百的正解。但是，基本上星座學能讓你理解對方可能會有的喜好？習慣與人相處的模式？讓你在第一次與人對談的勝率提高很多。

有人喜歡談談輕鬆的八卦，有人喜歡分享專業的議題，有人喜歡細水長流的感情，有人相信一見鍾情的緣分。面對複雜的人心與人情，你真的懂十二星座告白的底線嗎？

星座猶如大數據，提供自己依循與決策的方向，若你曾用心觀察過身邊的親友，輔以「星座×書籍」為判讀，或許，不只能在犯錯的時候得到諒解，也能靠自己解救人際問題，化危機為轉機。

如何在告白的時候，找到無聲必勝的軍師？

如何自然地傳遞好感？如何讓兩人感情加溫？

如何讓告白自然到位，即便不幸被拒絕，也不至於鬧到舉世皆知、尷尬難過，或是連朋友也做不成？

怡慧老師提供十二本好書，讓十二星座在美麗的邂逅之後，可以展現誠意與幽默感，讓你手拿告白氣球，發現轉角遇見他的奇蹟，瞬間讓感情指數爆表，展現告白的浪漫喔！

火象星座：心難猜，直白是王道

♈ 牡羊座：愛他要愛得理直氣壯

牡羊座對於暗戀的洞悉度很低，直來直往的牡羊座愛得理直氣壯，若你要把暗戀深埋，你的暗戀會是一場漫長的失戀。就像張皓宸所寫：「時間的跨度不過是一次遇見與告別，短的是三兩行情詩，長的是用一生陪伴。」拿出你的勇氣和誠意，愛上牡羊座就要主動告白，把你的柔情從深鎖的箱篋裡釋放而出。**《後來時間都與你有關》**九段故事，就像時光機器，深情款款地傾訴九場人生。向牡羊座的真愛告白就是送上這本暗示性強的書籍，讓他知道：你想與他共度後來的時間。在認識他之後，你願意捧出真心，在人生每個關鍵的時刻，與之同行。請把這本書放在顯眼的位置，讓牡羊座對你的真情告白了然於胸，很快地，他的心就被你擄獲囉！

♌ 獅子座：讓他愛上你的膽識與魄力

獅子座不是喜歡曖昧感覺的星座，他欣賞的是願意直白宣示「我就是喜歡你」的追求者。甚至敢於在大眾面前，以深情火熱眼神秒殺獅子座，表明「我不能沒有你，馬上當我的戀人」的告白者，通常擄獲獅王／后的勝率極高！獅子座欣賞的類型像Dorothy**《表白：那些說不出口的話》**說的：試著先去愛，試著相信愛的對象，就能擄獲對方的心。獅子座是典型的「有些話，如果能夠早點說出口，結局會不會有些不一樣？」的思考者。他們不愛欲擒故縱這種伎倆，他們要的只是一句「我喜歡你」。只要你願意用單純的真心去愛他，簡單直率的告白，就能為自己找到一個永遠的避風港，因為早在你願意捧著真心、直率表白的當下，獅子座就不可救藥地愛上你的膽識與魄力了。

♐ 射手座：別讓他猜心

直來直往又毫無機心的射手座，最討厭在感情世界猜心了。單刀直入的表白，才有機會讓射手座覺察你的痴心與愛戀。當你對他們說：「你的心裡，是否也曾深深住了一個人？」射手座會給你一個白眼，不過，當你念出肆一**《當我想你時，全世界都救不了我》**，那樣勇敢又誠意的告白語，射手座可是會感動到不要不要的。其實，默默等待，對射手來說，並不是一種付出，反而是一種折磨。被射手座愛過的人是幸福的，因為他的愛給得乾脆也大方。曾在射手心裡頭住過的人，即便未來兩人雲淡風輕了，你的存在還是會永遠停駐在射手的心底，只是位置大或小而已。被射手愛過的人，都銘刻在愛的圖騰裡，不會磨滅的。

風象星座：友達以上，愛人也要是知己

♊ 雙子座：抓住他求新求變的心

當愛情來敲門的時候，身邊都是新鮮事物的雙子座，實在很難察覺暗戀者的心意，常常錯失抓住心有靈犀的剎那。就像九把刀**《那些年，我們一起追的女孩》**中，沈佳宜對柯景騰說的：「人生本來就有很多事是徒勞無功的。」友達以上的距離，錯過的愛情，雖是電影情節最美麗的結束，但現實人生如此上演，也太過於悲催啦！如果你要向求新求變的雙子座告白，選個好時機，製造個浪漫的橋段，來個海邊的真心話大冒險，傳遞一如小說中青春熱血又青澀無瑕的真情，創造兩人獨處的機會，趁勢大膽告白吧！

♎ 天秤座：做他的愛人，也做他最好的知己

好人緣的天秤座，對朋友很少有戒心，常常走在戀人變朋友、朋友變戀人的錯誤輪迴。天秤座的愛情很像是住野夜的**《小秘密》**：「我的祕密是喜歡你，那麼你的祕密

會是我嗎？」小說情節大致圍繞在五個好朋友間的友情，以及錯綜複雜、繚繞淡淡的情愫的戀愛世界。天秤座習慣朋友間的曖昧，常常把告白當成日常對話。當你很認真地向天秤座表白了，他們可能還會很幽默地調侃你：是不是在開玩笑？說真的，面對天秤座，你得要認真告白，說一次不夠，多說幾次，讓他們明白：你是認真的。讓他們卸下心防，透過推心置腹的對話，才能搭出你和天秤座相信愛情的橋梁呀！

水瓶座：增加自己在他心中的分量

個性嚴謹的水瓶座對於選擇伴侶這件事，其實滿重視親友團的觀感。所以要追求水瓶座，甚至對他告白，最好是有應援團或是親友團的背書。一如向井湘吾**《拜託了！數學先生》**中孤僻寡言的數學天才少年，遇上開朗活潑的粗線條陽光壘球少女，看似反差的兩人在教室合開煩惱諮詢事務所「數學屋」。有一天，他們在信箱裡收到了一封信，一個男孩喜歡上了班上的女生，詢問如何表白才好。他們用了許多數學原理去解釋微妙又無法量化的愛情與人生哲理，這些情節頗像與水瓶座告白的歷程。如果你想向水瓶座告白，除了理性分析自己的優勢外，不斷透過各種外部因素的正增強，突顯自己的重要，增加自己在水瓶心目中的分量，你的求愛公式就容易達陣成功。

水象星座：深情款款走入他的心底

♋ 巨蟹座：爲他及時送上暖心的打氣

巨蟹座感情細膩，擁有地表最強的讀心術。只要回眸一瞥，誰暗戀著他，誰喜歡他，他其實是心知肚明的。巨蟹座很享受被暗戀的滋味，一如蔡智恆《**國語推行員**》說的：「喜歡是一種記得，更是一種惦記的味道。」暖暖包的純愛攻勢，欲言又止又深情款款的愛情火花，像時光膠捲般倒映在巨蟹座的腦海裡。喜歡巨蟹座的你，千萬不要在關鍵時刻缺席，若是在他們的世界遲到了，就是錯身而過的殘念。在兩人的世界，及時送上暖心的打氣，貼心的祝福，就能與巨蟹座取得交集，讓新的距離靠近，進而告白成功。

♏ 天蠍座：愛與不愛都是他的一劫

天蠍座天性對語言與文字特別敏銳，像是天生裝了暗戀雷達機。只要有人暗戀天蠍座，是逃不過天蠍的眼的。不過，天蠍座的愛有股神祕又致命的吸引力，防禦心強又注重直覺的他們，是不容易輕易愛上他人的。一如張嘉佳在**《雲邊有個小賣部》**的劉十三。面對乖舛的命運從不低頭，與牡丹從相戀與分手，男主角的愛如飛蛾撲火般的熾熱，連分手的揪心都讓人覺得：劉十三你也太天蠍性格。天蠍愛上就不輕易放手，一如劉十三與牡丹分手的心聲：「列車不是停靠兩分鐘嗎？為什麼她告別只花了一分鐘呢？絕對不能這樣結束，還沒有結束，怎麼能這樣結束……」

一旦愛上就不放手的天蠍座就是這樣痴情，向天蠍告白前，請你要想清楚，愛與不愛都是你和天蠍座的一劫。

♓ 雙魚座：滿足他的浪漫情懷

其實一直在追求愛與被愛的雙魚座，要向他們告白的必勝絕招就是滿足他們的浪漫情懷。雙魚喜歡出奇不意的驚喜，期待生活瀰漫溫馨的氛圍。重視心靈契合的雙魚座，向他們告白可要找個羅曼蒂克的場所，設計好如偶像劇情節的橋段，讓甜膩的滋味縈繞在雙魚的心中，那麼你的告白就會萬無一失了。就像藤井樹**《有個女孩叫**

Feeling》的祥溥說的「愛情是液體，因為它灑了出去，只會蒸發，不能收回」。願意默默守護、無怨無悔地付出，就能感動多愁善感的雙魚座，讓他們甘願與之長相廝守，當你的生命解語花。

土象星座：給他最細膩執著的守護

♉ 金牛座：用時間換取你在他心中的空間

不火不慍的金牛座，面對愛情不像表面看起來遲鈍，對於暗戀者的追求，他們是能細膩感受到箇中的滋味。他們雖然不會主動說破彼此的關係，但是會與你保持一種戀人未滿的好朋友關係，透過時間來試探你的真心與痴情。如果金牛座把你當作好朋友一陣子了，你就可以展開攻勢，好好告白了。一如Misa**《嘿，好朋友》**說的，嘴上說著是好朋友，但在心裡對方卻是獨有的存在。或許小說中的情節告訴我們：時間可以了解愛情、可以證明愛情，也能推翻愛情。但是金牛座的愛情卻是用時間換取空間——我決定愛你一萬年的無敵星座呀！

♍ 處女座：他不是不愛，是靜靜地愛

處女座是心思細膩的觀察者，雖然隱約明白不確定的情愫是愛情，內斂的處女座還是會選擇不動聲色地等待。趙乾乾**《致我們單純的小美好》**中的江辰、陳小希，雖是青梅竹馬，但男主角有種處女座「你怎麼老是忘了我很愛你」的特質。小希憑藉一股「愛情若不能戰勝一切，那麼愛情就不能稱為愛情了」的邏輯，種種浪漫行徑，處處藏情，深入人心，讓驕傲的男主角動心不已。男主角的深情頗像處女座，總是把愛藏在生活的小細節上。原來處女座不是不愛，只是習慣沉默不語而已，你要打破僵局，就得勇敢問他：「我可以喜歡你嗎？」

♑ 摩羯座：別貪快，耐心等候他的老派浪漫

摩羯座表面上有些剛毅木訥，其實摩羯座對愛情是欲擒故縱、大智若愚型的人。只是對於務實的摩羯來說，愛情常常會排在學業或事業之後。要對摩羯告白，必須等待個好機會，在公務大致抵定後，他才有心思談情說愛，切記不要貪快誤事。摩羯的愛必須經歷時間的淬鍊與考驗，才有機會守得雲開見月明、擁有摩羯對你的青睞。讓

摩羯座愛上你，那真的是一場漫長的體力戰。就像李維菁**《老派約會之必要》**說的：

帶我出門，用老派的方式約我，在我拒絕你兩次之後，第三次我會點頭。

不要MSN敲我，不要臉書留言，禁止用What's App臨時問我等下是否有空。

你要打電話給我，問我在三天之後的周末是否有約，是不是可以見面。

摩羯座是最念舊，也是愛上絕不輕易分手的星座，他們雖然老派，卻是值得被你好好地告白且深愛一輩子的星座。

怡慧老師「星座 × 閱讀」(二):告白推薦書單

火象星座		
牡羊座	獅子座	射手座
後來時間都與你有關 張皓宸|皇冠	表白:那些說不出口的話 Dorothy |時報出版	當我想你時,全世界都救不了我 肆一|三采
風象星座		
雙子座	天秤座	水瓶座
那些年,我們一起追的女孩 九把刀|春天出版	小秘密 住野夜|春天出版	拜託了!數學先生 向井湘吾|麥田
水象星座		
巨蟹座	天蠍座	雙魚座
國語推行員 蔡智恆|麥田	雲邊有個小賣部 張嘉佳|新經典文化	有個女孩叫 Feeling 藤井樹|商周出版
土象星座		
金牛座	處女座	摩羯座
嘿,好朋友 Misa |城邦原創	致我們單純的小美好 趙乾乾|聯合文學	老派約會之必要 李維菁|印刻

打進你的圈子，我們是同一掛的——在班上、社團我想要有歸屬感？

青少年常常為了「如何與他人相處」而煩惱，身處狂飆期，在他們眼中，同儕朋友的分量與地位比起父母、老師重要許多。但是，還不夠成熟的他們，對於「人際關係」的經營與溝通，通常還是在摸索與適應，如何努力表現真實的自己，也同理他人真正的心情？

透過「星座×閱讀」的指引，你就能輕易打進朋友圈，不會老是處在看戲的局外人身分。你想了解對方，最重要的是，知道他在想什麼？維持一種有點黏又不會太黏的關係，找到友情關係的平衡。只要打進同一掛的圈子裡，慢慢找到交心而不焦心的訣竅，無須「秀」優秀，求完美，原來偶爾示弱，不成熟、不懂事，也是刷存在感的方式……。

火象星座：善用陽光正面的形象

牡羊座：被討厭而自由的正向能量

牡羊座的熱情給人一種活力十足、青春無限的感覺，但是太過的時候，就顯得衝動。直率的牡羊座常脫口而出的傷人之話，雖是無心之過，卻給人惡語傷人六月寒的反感。因此牡羊座若要贏得友誼，又不失去愛自由的個性，如何三思而行是人際關係最重要的修煉。單純的牡羊無法做作、掩飾自己的情緒，因此除了學會傾聽與包容他人意見之外，學會岸見一郎和古賀史健**《被討厭的勇氣》**教你的自處方式也很重要。書中提到：「有人討厭你，正是你行使自由、讓自己生活自在的證據，是依照自己的生活方針過日子的標記。」在大師「阿德勒」循循善誘地啟發下，你就能找到人際關係中自處的平靜。對牡羊座來說，當他們真正理解自己所欲之處，對自我的懷疑就能消弭，在尊重他人感受為前提下，他們將習得真正被討厭而自由的正向能量。

♌ 獅子座：梳理自己火爆的內在

獅子座獨有一種「喜歡就是喜歡，不喜歡就是不喜歡」的交友霸氣，你是我兄弟，我就挺你；不是我族類，老死不相往來、井水不犯河水。他們的人際關係就是以自我為中心，許多關係都太過於涇渭分明，沒有彈性。劉軒**《能自處，也能跟別人好好相處》**透過三十三個心靈練習，讓獅子座能放慢自己的心，梳理火爆的內在，安頓好自己的情緒。作者的論點讓獅子座明白：「不是別人太嚴格，而是你有顆玻璃心。」如何好好與人相處，又能維持獅子王者的獨特性？根據書中的提醒，只要培養自覺能力，修正過於自我看事情的角度，變成真正成熟的獅子座。讓自己透過友誼公式，輕鬆面對往後的每個時光、每段關係就能無往不利。

♐ 射手座：別壓抑，踩穩自己的底線

射手座向來熱心助人、自由自在，給人陽光正面的形象，好人緣的射手座不只是同儕的開心果，更是無所不包的大度星座。他們容易迎合別人，很少表現出自己的真性情，久而久之就習慣壓抑自己的感覺！慕顏歌**《你的善良必須有點鋒芒》**點出射手的

人際問題：善良，是一種選擇。但善良不該等同妥協或吃虧，缺乏標準的善良，會為難自己，又慣縱了他人。善良的射手，底線應該更高，才能成為有力量、有影響的人際之王。射手座只要建立態度，口才便給的你必能展現高超溝通能力，擁有從容和諧、你好我好的人際關係。

風象星座：人際關係做好平衡

♊ 雙子座：不要被憤怒綁住

擅長人際交際的雙子座，可說是左右逢源、四海之內皆兄弟的交友達人。他們的風趣幽默常是人際的敲門磚，不過雙子座的問題是每段友情都無法維持長長久久。雙子的個性決絕，遇到一點小爭執或意見不和，常常會做出切八段、斷絕往來的事情來。管好自己的心情是雙子人際關係的關鍵點，喜悅的情緒就像「存款」，憤怒的氣場就像「借貸」。有川真由美**《練習不生氣》**書中提到的一〇一種方法，會讓雙子座慢慢練習放下生氣的負面情緒。不被生氣綁住，更能突顯雙子活潑友善的優勢。聰明伶俐的雙子座只要HOLD住情緒，把怒氣轉換成「幹勁」和「熱情」，同理對方的感受，就能讓泛泛之交一個個打包成莫逆之友。

♎ 天秤座：擺脫對你情緒勒索的人

天秤座是典型廣結善緣、友達至上——在家靠父母、出外靠朋友的博愛星座，天秤給人的第一印象就是彬彬有禮、八面玲瓏。人際關係是他們最重視的珍貴資源，在團體中他們善於協調又懂得妥協。看起來沒有敵人的天秤座，在人際關係上的「坎」，又是什麼？過於討好，容易失去自我，怕得罪人，卻讓自己陷入猶豫不決的泥淖，變成裡外不是人，更糟的是還被身邊的人情緒勒索。就像唐娜．費瑟（Donna Frazier）、蘇珊．佛沃（Susan Forward）**《情緒勒索》**提醒的：面對情緒勒索，需要很大的勇氣。勇敢說不，才能調整與摯愛之人緊張、有害的關係。希望天秤座能從勇敢斬斷情緒的勒索、走出關係的迷霧做起，讓你輕鬆擺脫利用罪惡感來操控你的人，讓你找到真正懂你、愛你的知己。

♒ 水瓶座：讓「對的人」進駐自己的生命

水瓶座的人際關係成也理性，敗也理性。理性的水瓶常給朋友正確的指引，猶如提燈的智者，但是理性太過，就變得冷血，或是自命不凡。喜歡安靜低調的生活方式，對於衝動熱情的星座，總會提出無情的批判或流露不屑的表情。十分有個性的水瓶，要他們改變本性實在困難。他們服膺的楊嘉玲**《我決定，生活裡只留下對的人》**的理念，他們認為人和物品一樣，去留與否都是自己可以自由選擇的。水瓶座只要有足夠的智慧，讓「對的人」進駐生命，人際的鏈結就會有「好的事」發生。其實能做到人際的斷捨離，又能不深陷糾結關係的水瓶座，是最有機會給身邊的人更大能量的忘機友呢！

水象星座：好好運用敏銳的觀察力

♋ 巨蟹座：克服自卑、寵愛自己

十二星座中最重視家人朋友的巨蟹座，不只對喜愛的人一視同仁，也拘泥於「我給你一分，你也要還我一分」的人際細節。巨蟹座每天都很努力地在感情、工作、人際、家庭中扮演完美角色，導致自己像蠟燭兩頭燒，不只沒有贏得情誼，有時候還輸掉自己。從「擔心別人怎麼想」到「相信自己已經夠好了」，就能讓巨蟹擁抱自信、克服自卑。布芮尼・布朗博士（Brené Brown）**《我已經夠好了》**點醒巨蟹，唯有站出去，面對自卑，才能找到為自己而活的力量。願意善待自己的巨蟹必能找到與人積極正向的相處之道。單純又甜膩的巨蟹，只要克服自卑、寵愛自己，就能打造「專屬於你」的人際關係，成為人人喜愛的甜心星座。

♏ 天蠍座：摘下憤世嫉俗的眼鏡

天蠍座擁有過人的洞察力，在人群中給人一種沉默寡言、望之生畏的神祕印象。雖然博學多聞，但自恃甚高的個性，讓天生優秀的天蠍座常常興起高處不勝寒的自嘆。其實，天蠍需要學習的人際相處是摘下憤世嫉俗的眼鏡、閉上抱怨的嘴巴！就像戴晨志**《問題不在難度，而在態度》**說的：「態度決定一切，細節決定成敗。」天蠍座可以多培養幽默感，多一些陽光燦爛的笑臉，讓人際互動更加自然流暢。當天蠍座的態度對了，運氣就來了，用心地幫別人助攻，人緣自然水漲船高。就像奧修說的：「愛是毫無條件尊重對方的一切。當你無條件愛一個人的一切，就不會覺得受傷。」天蠍座要學會的是相互尊重、彼此體諒的態度，如此一來任何人際問題都輕鬆地能迎刃而解。

♓ 雙魚座：「想很多的你」是大腦多向思考者

感覺敏銳、想像豐富的雙魚座，總是被身旁的人叨念「想太多」。為人慈悲又感情豐沛的雙魚座，在克莉司德．布提可南（Christel Petitcollin）的眼裡，反而是建立人際關係、溫馨交流的優勢。**《想太多也沒關係》**提到：為別人「想太多、輕鬆地煩惱太多」的人，只是擁有比較細膩的想法和清醒的頭腦罷了。在神經學及客觀證據的基礎下，作者告訴雙魚座「想很多的你」擁有一個專業又美麗的名字——「大腦多向思考者」。這本書透過理性的論述，讓感性的雙魚座明白如何憑藉自己「過於常人的腦袋」活出自我，開展自己的亮點與潛質，邁向更好的人生旅程。

土象星座：務實穩健，更冷靜也要更溫情

♉ 金牛座：你可以善良，但是要亮出底線

金牛座常給人個性倔強或頑固的錯覺，甚至有人還戲稱金牛座是十二星座中的「小強」。金牛座不僅耐力驚人、使命必達，還是懂得飲水思源的好咖星座。但是金牛座的人際罩門是固執己見，不懂應變通達，對於溝通術的施展也常因反應慢而受挫。因此，善良的金牛座常常是拿好人卡的代表，卻也最常被當成邊緣人或空氣人。午堂登紀雄**《可以善良，但你要有底線不當好人》**提醒金牛座：你可以善良，但要有底線不當濫好人。你必須理性地亮出自己的底線，勇敢說出自己的想法，懂得靈活地優游在人際的進退之間，你的笑容應該留給讓你快樂的人。偶爾使壞，來個小惡精神的爆發，能讓你找到生存的智慧與互動良好的人際關係。

♍ 處女座：放過自己，善待他人

處女座心思細膩，面面俱到，堪稱標準的完美主義者。對自己要求嚴苛，對朋友的標準也訂得很高，很在意朋友是不是處在wonder person的狀態。處女座要先認清Melody在**《誰說一百分的妳，才是最好的自己》**提出的道理：幸福不等於建立在完美之上，計畫往往趕不上變化，不完美是人生的常態，我們只要每天都看到更好的自己就足夠了。處女座對待朋友，先要清掃內在的負面雜念，不糾結在一個念頭上，沒有人是十全十美的，先學會放過自己、善待他人，放下成見。懂得適時調整心態的處女座，才能輕鬆應付每一個挑戰，在緊繃的人際關係上鬆口氣，享受大力往前、人氣爆棚的閃亮時光。

♑ 摩羯座：改變自己的情商指數

摩羯座是目標性、目的性很強的星座。但是有時太過於愛恨分明，在人際關係上常常掉入對人不對事的迷思。保守的摩羯座缺乏開放的社交手腕，卻又困於脆弱的情緒，極需別人的認同。交友的潔癖、心情的矛盾，讓摩羯座容易悲觀自傷。建議可以參考蔡康永在**《蔡康永的情商課》**的做法提高情商，改變的不只是人際關係，摩羯還可能會全盤地改變自己的命運。就像蔡康永說的：「很多人說要做自己，只是說著玩的。先弄清自己是怎麼回事，才可能開始做自己啊。」所以，摩羯座若要擴展社交圈，先要改變自己的情商指數，讓自己冷靜又溫情，不只能充分表達自己的創見，又能讓對方不失面子且開心地與之交流。

透過「星座×閱讀」的模式，讓我們無須刻意討好他人。找對自己的社交圈，負擔起做好事的責任，就能建立穩固又流動的人脈。了解自己的侷限，可以「勇敢」向他人說No，自在地做自己，找到人際平衡，人際關係自然就能又圓融又有原則囉！

怡慧老師「星座×閱讀」（三）：人際關係推薦書單

火象星座		
牡羊座	**獅子座**	**射手座**
被討厭的勇氣：自我啓發之父「阿德勒」的教導 岸見一郎、古賀史健｜究竟	能自處，也能跟別人好好相處：成熟大人該有的33個心理習慣 劉軒｜天下文化	你的善良必須有點鋒芒：36則讓你有態度、不委曲，深諳世故卻不世故的世道智慧 慕顏歌｜采實文化

風象星座		
雙子座	**天秤座**	**水瓶座**
練習不生氣：101則與情緒和平共處的幸福人生指南 有川真由美｜遠流	情緒勒索〔全球暢銷20年經典〕：遇到利用恐懼、責任與罪惡感控制你的人，該怎麼辦？ 唐娜．費瑟（Donna Frazier）、蘇珊．佛沃（Susan Forward, Ph.D.）｜究竟	我決定，生活裡只留下對的人：動手處理消耗你的人，擺脫煩雜忙的互動，過你想要的理想人生 楊嘉玲｜采實文化

水象星座		
巨蟹座	**天蠍座**	**雙魚座**
我已經夠好了：克服自卑！從「擔心別人怎麼想」，到「勇敢做自己」 布芮尼・布朗（Brené Brown）｜馬可孛羅	問題不在難度，而在態度：36 個逆轉人生的行動法則 戴晨志｜晨星	想太多也沒關係：如何紓解紛亂的思緒？不再對人生感到厭倦！ 克莉司德・布提可南（Christel Petitcollin）｜大樹林
土象星座		
金牛座	**處女座**	**摩羯座**
可以善良，但你要有底線不當好人：人際關係斷・捨・離，勉強自己和別人好，不如找人真心對你好 午堂登紀雄｜方言文化	誰說一百分的妳，才是最好的自己 Melody（殷悅）｜大塊文化	蔡康永的情商課：爲你自己活一次 蔡康永｜如何

分手快樂——失戀了如何療癒受傷的心？

怡慧老師，我失戀了！如何療癒受傷的心？

與孩子研究過：為什麼認真告白仍會失敗？為什麼剛開始相處起來好好的，最後還會分手？為什麼走進熱戀期後，有了愛情卻失去了朋友？

這是自己在校園常常會聽見或看見的青少年情感問題。我們很重視孩子的學業成績表現，卻很少為他們認真開設與情感相關的課程。它可能不是一堂課就能解決的。徬徨的孩子、受傷的孩子、難過的孩子，如何卸下心房與大人世界的我們好好談自己的情、說逝去的愛？

我常用的方法是星座與閱讀兩個面向，先用個人的星座特點切入，讓孩子卸下心防，願意從個人特質談兩人相處細節，再從事件與自身性格的分析，透過閱讀與學生談情感的學分要怎麼修？

星座閱讀好像是遞上「我是誰」的一張名片，它貼近我們的生活，也能引起話題，無論準或不準，我們都在做分類、歸納與推論、省思。無論日常食衣住行育樂，或交朋友的準則，與上司對話的金句，與情人相處的通則，星座閱讀可以拿來思辨應用。你可以有個觀察的標準，有個紀錄的方向。你和這個人開始用星座閱讀寫故事，我們不迷信，我們用半信半疑地方式去印證：我是不是星座屬性很強的人？還是，我是個特例？

還有，如何從適合的書籍中，找到愛人與被愛的方法。最重要的是，讓變色的愛情不再是內心永遠的痛，每個人都值得再一次被愛，也有機會修正，成為更好的情人。即便分手，我們也要快樂說再見。以下針對十二星座來談愛情學分與閱讀的配搭：

火象星座：燃燒心中熊熊的熱情

♈牡羊座：愛得很挑戰，也愛得很熱烈的暖心座

牡羊座是懂得欣賞愛人的暖心座，男牡羊會想當愛人永遠的騎士，女牡羊雖是霸

道情人，卻希望撩妹總裁能愛上她。牡羊座是愛得很驕傲，愛得很挑戰，也愛得很熱烈的星座。

內心很孩子氣的牡羊，卻常因性格火爆衝動而不自覺地說了讓情人會很受傷的話。此時，不要和牡羊爭辯，懂得示弱，牡羊就會覺知而自省。

雖然他們很難說對不起，但是他們絕對不記仇，更不會占你便宜。失戀的牡羊會說出擺渡人的台詞：「原來兩個人並肩走在一起，也會走散。」

失戀的牡羊有段時間很會耍廢的，建議牡羊男女要練習喜歡自己的模樣，做自己想做的事，未來才能再次遇見自己命定情人，過著自己想過的生活，成為自己想要的模樣。推薦熱情的你閱讀朵朵的**《朵朵小語：好喜歡這樣的自己》**。

♌ 獅子座：別愛得太以自我爲中心

獅子座的愛情就是要愛得很童話、很羅曼蒂克，相愛的兩人互刷存在感對獅子座真的很重要。沒有了愛情，獅子的世界等於沒有了色彩。他們相信：戀人是在絕望時可以讓他相信世界的力量。

但是，戀上獅子座後，為何戀人的出走率高？

獅子愛得火熱，卻壞在獅子的愛太以自我為中心，不自覺地愛在自己的快樂上，而不是戀人的需要上。獅子希望對方把自己當王者，他們願意為戀人而戰，也要求戀人百分百的忠誠。

因此，能和獅子搭配的星座很需要「人和」，他們不只要和情人和得來，也要和情人身邊的知己和得來。獅子座的最佳伴侶是陪他們一起笑傲江湖的任盈盈，或是能憨厚愛著野蠻女友的車太鉉。

獅子座是分手的好咖，遇到被分手的風暴，還會瀟灑地說：祝你分手快樂。但是，避免獅子下次愛情學分又栽在重蹈覆轍的錯誤上，推薦勇敢的你閱讀艾莉的**《在最好的時候，遇見你》**。

♐ 射手座：不被人看見的傷痕，也要好好療癒

射手座是無拘無束，自然綻放出迷人光芒的星座。他們善良也善變，正直也固執。面對真理，他們爭論；面對日常，他們隨性；對權力有野心，對人道有慈悲心。平日

很幽默，生氣很頑固。戀愛時而熱情如火，時而漠不關心。和射手座談戀愛好像在進行一場冒險遊戲，他們常在友情與愛情之間產生模糊地帶，在一個人的自由與兩人的甜蜜間遊走。射手對於現實生活的柴米油鹽醬醋茶雖然不上心，卻試圖給戀人想望的幸福。射手座的愛情很像電影《暮光之城：無懼的愛》說的：「愛就是讓對方成為自己最大的弱點，然後再用盡全力守護彼此。」失戀的射手是內斂得無法無天的，害怕尷尬，害怕麻煩別人，害怕被人看不起，把難過藏到天涯海角去。你永遠看不見傷痕累累的射手，他們會試圖用最正經的「我沒事」，把曾經最深情、最認真的愛都鎖在心底。推薦自由的你閱讀張西的**《你走慢了我的時間》**。

風象星座：在愛裡尋求最舒適平衡的角度

♊ 雙子座：正視失戀的失敗

雙子座是風趣有創意的星座，他們的幽默讓人與之相處時，瀰漫快樂和諧的氣氛，更是戀愛情商指數高的星座。大部分的雙子無法抗拒愛情的魅力，但喜新厭舊是雙子的壞毛病。左右逢源的性格，也讓人有用情不專的誤解，更是在戀情最後觸礁的原因。

一般人可能不知道：雙子談戀愛會比對方多給一倍的愛，只要愛上了，就無法煞車或迴轉。

因此，失戀時也是十分悲情。幸好，雙子是下一段戀情會更好的信仰者，一如《惡作劇之吻》的台詞：「有些事不做，永遠不知道結果！試了，才不會留有遺憾。」這就頗有雙子追愛的風格。

但失戀的雙子真正要學會的是，如何正視失戀的失敗，並從失戀的陰霾真正走出來，讓自己可以再好好地認真愛人，不要在同一個錯誤上跌跤。推薦創意的你閱讀鄧惠文的**《學習。在一起的幸福》**。

♎ 天秤座：只有自己能擺渡自己的情傷

天秤座是最公平客觀、有正義感的星座，天生優雅，特別有美感與邏輯，追求內外平衡，維持一種謙和不慍。面對愛情，天秤的優點就變成了缺點。愛得太優柔寡斷、太猶豫不決，為了尋找平衡而擺渡，意志不堅，常常失去在最佳時機告白，此生的最愛就成為別人的真愛。想與不想，愛與不愛，分與不分都是天秤在愛情的課題。天秤座追求的愛情是電影《愛．慕》呈現的：「愛，就是當所有的心動、熱情、與浪漫都淡去之後，卻發現你對她仍然珍惜。」天秤座常常在失戀的時候才發現：我不是Wonder Man、我不是Wonder Woman。其實有些情傷過不了，是因為你還不夠懂自己，愛情像一道道的練習題，你得靠自己解謎。解開盲點，你未療的傷就能痊癒，適合的愛情就會自動出現，幸福就能來敲門。推薦有魅力的你閱讀柚子甜的**《有些情傷過不了，是因為你還不夠懂自己》**。

♒ 水瓶座：認清自己的付出是否心甘情願

水瓶座是具有超強推理力和創造力的天才星座。他們重視知識，也樂於展現創意，是朋友眼中的鬼靈精。優秀又慢熱的水瓶是情人很難駕馭的星座，他們一方面喜歡群眾熱鬧，也追求離群索居，對情人的依賴，總表現可有可無，他們在愛的世界無法被圈養，或是委屈自己。水瓶座崇尚純潔的愛情，善於察言觀色，認同「曾經擁有」、「合則聚，不合則散」的信念。水瓶的愛情和電影《愛在他鄉》說的一樣：「靠一個人等他給你幸福，不如選一個人一起走向幸福。」失戀的水瓶要過這個情傷的坎，可要好回想：過去的付出，是否都是心甘情願的？對方的愛是否真的是理所當然的？你可以雲淡風輕，但不要再輕忽對方的真心與感覺。推薦創意的你閱讀口罩男的**《我可以心甘情願，但你不能理所當然》**。

水象星座：愛是靈魂最深處的渴求

♋ 巨蟹座：失去眼下的幸福，是要你往下一站幸福前去

巨蟹座對於真心辨識的敏銳度很高，你有多少誠意當戀人，巨蟹座可是了然於胸。巨蟹座喜歡走熟悉的路，看熟悉的風景，聽熟悉的歌，愛熟悉的人。所以，近水樓台先得月就是追求巨蟹座的最佳攻勢。

巨蟹座期待戀人對他們的喜怒哀樂是全然接受的，他們願意讓戀人自由地做自己。一如電影《我的少女時代》所體會的：「或許一直以來都是遠遠望著誰的背影，卻忘了身旁讓自己最自在相處的那個人，最讓人動心。」

巨蟹座會在某個驀然回首時，想起生命有人等過他們，而恍然大悟地奔向對方。

愛家的巨蟹失戀後，就陷入不安失措的地窖，久久無法痊癒，加上巨蟹的善良，被傷害後，常常接受對方回頭式的召喚。此時，建議巨蟹要告訴自己：失去短暫的幸福，卻終於確定他真的不是你的「幸福」，放心地往下一站幸福前去。推薦愛家的你閱讀角子的**《帶自己，去更好的地方》**。

♏ 天蠍座：愈懂得放手，內心更自由

天蠍座個性守密沉穩，意志堅強。受冥王星的影響，凡事深謀遠慮，說話一針見血。他們不是完全的破壞就是超凡的創新。陽光下，他們是展翅翱翔的巨鷹；陰暗處，他們卻是有仇必報的蛇蠍。天蠍座是有致命吸引力的情人，感情濃厚強烈，占有欲強，卻愛得認真浪漫，愛得孤芳自賞。天蠍座是製造兩人奇蹟般際遇的高手，他們特別有點子能談情說愛，對於愛情的想像與其他星座也不盡然相同。一如電影《歌喉讚》說的：「你不是奇怪，是特別。別擔心，你只是還沒有遇見懂得欣賞的人。」他們只要遇見合拍的戀人，就是一生一世的封印承諾，為愛人扛起所有，永不妥協。失戀

的天蠍是令人心疼的，他們會自傷自虐，無論是有形或無形的，真心希望天蠍明白：愈是渴求愛，愈是愛不到；愈是懂放手，內心更自由。其實天蠍座是沒有了愛，就沒有了靈魂的失溫星座。推薦獨特的你閱讀川口俊和的**《在咖啡冷掉之前》**。

♓ 雙魚座：逝去的戀情，是讓你更懂如何愛人

雙魚座是想像力豐富，直覺力強又善解人意的星座。雙魚座懂得包容又浪漫，天真又純情，是甜心戀人排行榜的首選。一個因夢想而偉大的星座，又困在何種情感的泥淖而無法自拔？雙魚的作繭自縛與多愁善感，偶發的暴走與歇斯底里，會讓情人束手無策且膽戰心驚。雙魚的愛是無止境的渴求，同樣的，他們也願意對自己所愛的人無條件付出所有。雙魚的戀人需要營造很大的心靈空間給雙魚歇息，他們要懂得傾聽、包容、欣賞，讓彼此的內在的靈魂無縫接軌。雙魚終生都在追求電影《電子情書》說的：「比一見鍾情更浪漫的，是慢慢地了解一個人以後，徹底愛上他。」雙魚都感恩願意從心動到守候、從動情到天長地久的戀人。失戀的雙魚會陷入孤獨無助、萬念俱灰的情緒，不再相信自己、喜歡自己。其實，每段逝去的愛情都教會雙魚如何愛人，

在遺憾中與回憶共處。雙魚是找到下一段戀情就會修正自己的好情人。推薦天真的你閱讀不朽的**《與自己和好如初》**。

土象星座：陪你一起細水長流

♉ 金牛座：刪除那些無關幸福的干擾

金牛座是愛情界的好咖，他們需要穩定、持久的關係，期待情人能一起努力，愛上了絕不輕言放棄，他們認為美好的愛情是自己掙來的。喜歡就是喜歡，不喜歡就是不喜歡，金牛的感情世界不能勉強。

被金牛座愛上，肯定是溫暖幸福的，但是金牛的問題是過於保守、重視金錢物質的安全感，沒有麵包會讓他們對未來產生焦慮。此時，他們需要敢愛的情人點燃金牛的浪漫情懷。一如電影《西雅圖夜未眠》喪妻的山姆與女主角安妮的緣分就是金牛追求的愛情：「我不想要你將就，我也不想成為將就的對象。」他們把每段愛情都想成最後一段，把現在式走成未來式。

面對愛情創傷，金牛座會變得封閉困惑、懷疑決絕。所以鼓勵金牛快點刪除那些無關幸福的干擾，哪怕是向前一小步，都要勇敢地繼續前行，推薦堅毅的你閱讀肆一的**《那些再與你無關的幸福》**。

♍ 處女座：別放棄下一段綻出芽的愛情

處女座是柏拉圖戀愛的信仰者，對愛情是有潔癖和完美框架的星座，要和敏感悶騷的他們談一場飛蛾撲火的戀愛，簡直是愛情界的天方夜譚。但是，處女座是典型的不愛的時候，就異常冷酷無情，像個邊緣人；一旦愛了就瘋了，真正是「愛到卡慘死」。被純愛真正襲擊過的處女座，對戀人就沒有抵抗力，變成為愛而生而死的情人奴隸。一如電影《真愛挑日子》女主角艾瑪和男主角德克斯，明明相愛卻繞了一大圈：「我遇見那麼多人，可為什麼偏偏是你？看起來最應該是過客的你，卻在我心裡占據這麼重要的位子。」這種尋愛的情節像極處女座的戀愛日常。

處女座一直以為失去愛情，自己就會失去生命。幸好處女的理性讓失愛後，還能負重前行，救贖處女座的往往是下一段綻出芽的感情，推薦痴情的你閱讀樂擎的**《筆尖上的擺渡人》**。

♑ 摩羯座：認清長久的感情，會隨著你們的成長一起改變

摩羯座具有堅毅務實、嚴謹守律的個性，他是最說一是一，遵守一步一腳印信念的星座。因為個性壓抑憂鬱，與人相處都有一層禮貌的「隔」，常會被誤解為Ice Man、Ice Woman。摩羯座喜歡彼此遷就、相親相愛，追求一份安全感與信賴感。他的情人可以有不同於他的想法，只要能說服理性保守的他們。電影《藍色情人節》狄恩跟欣蒂從愛到不愛，甚至連擁抱都陌生，最後體會到：「能長久的感情不是不會變，而是會隨著你們的成長一起改變。」摩羯面對逝去的愛，唯一能做的，就是自己轉身離開。從愛人到離人，他們捨不得讓彼此痛苦，選擇自己將痛苦全然打包。他的愛是老派的，靈魂是許諾的，是能信守愛情一輩子的人。摩羯座是初戀回頭率最高的星座，他們更是弱水三千只取一瓢飲的痴心代表座。摩羯面對愛情是會戀舊、回頭率高的星座。推薦痴情的你閱讀小生的**《於是，我們仍相信愛情》**。

真心希望學生們能從星座學中先認識喜歡的情人，再從閱讀中找到同行的真正幸福。談戀愛不一定要當完美情人，只要在愛中學習做「最好的自己」和對方的「支持者」。

希望相信愛情的我們能從認識星座愛情，走進美好愛情，享受愛情。如果在命運的安排下，被迫與對方說再見時，也能優雅轉身、輕輕放手，相互祝福。最後潛心療傷，修煉等待下一段愛情。

當星座遇上閱讀，我們開始認識自己、與喜歡的人溝通，擁抱世界的美好，成為懂得擁抱愛與幸福的戀愛達人。

祝福在愛情愈挫愈勇，也願意相信愛情的十二星座，讓我們過著忠於愛情的人生，面對分手也要做到堅強。愛情或許並不完美，但因為相愛而成就的許多美好的時光。或許我們無須做到生死相隨的《羅密歐與茱麗葉》的經典愛情，但是我們都願意相信「執子之手，與子偕老」的純愛故事，正在我們生命上演……。

怡慧老師「星座×閱讀」(四):失戀推薦書單

火象星座		
牡羊座	**獅子座**	**射手座**
朵朵小語:好喜歡這樣的自己 朵朵｜皇冠	在最好的時候,遇見你 艾莉｜悅知文化	你走慢了我的時間 張西｜三采
風象星座		
雙子座	**天秤座**	**水瓶座**
學習。在一起的幸福 鄧惠文｜三采	有些情傷過不了,是因爲你還不夠懂自己:照見眞實自我的43道愛的練習題 柚子甜｜遠流	我可以心甘情願,但你不能理所當然 口罩男｜寶瓶文化
水象星座		
巨蟹座	**天蠍座**	**雙魚座**
帶自己,去更好的地方 角子｜平裝本	在咖啡冷掉之前 川口俊和｜悅知文化	與自己和好如初 不朽｜時報出版
土象星座		
金牛座	**處女座**	**摩羯座**
那些再與你無關的幸福 肆一｜三采	筆尖上的擺渡人 樂擎｜渼曦有限公司	於是,我們仍相信愛情 小生｜春光

背對背的擁抱，遇到感情的大魔王——剪不斷的情感糾葛怎麼辦？

當他們同在一起：巨蟹座、處女座、獅子座

「愛心早餐在桌上，記得吃。」

「午餐過後，有水果，記得吃。」

「校車不等人，快點走，別再說話了。」女孩謹慎地提醒著。

相信天長地久的巨蟹女愛上了就全然地付出。甚至對戀人生活啟動鉅細靡遺、全面觀照的鏈結。

「可以不要那麼黏人嗎？」

「可以不要那麼嘮叨，好嗎？」

「你可以稍微放手，我被逼到快要不能呼吸了。」獅子男轉過身，寒著臉說。

「你可以不要把自己的人生，寄託在一個渣男身上嗎？」處女座閨密跳出來主持正義。

「渣男？你憑什麼這麼說……」巨蟹女繃緊的神經讓她歇斯底里了起來，她狠狠地望向閨密。

「我就是看不慣○○這種性格的人，真不懂，你到底看上他哪一點？說才華沒才華，說長相沒長相……」她還沒說完，獅子男就暴氣地離開。

「我們玩完了，分手吧！」獅子男在轉角大聲地喊了這句。

「渣男！分手剛剛好而已。」閨密正氣凜然地對喊。

完了！巨蟹女在嘴裡囁嚅了起來，她的神情像是面臨世界末日般，接著崩潰地痛哭。

閨密是具有感情潔癖和正義感的處女座，她討厭不合理的事。

撞見三人火爆衝突畫面的我，腦海浮現：巨蟹女面臨人生最大的危機，她即將失去兩個自己最心愛的人。獅子男被挑戰尊嚴和自信，還在女生面前失態，這會是「回不去」的噩耗。處女座女孩也將因為個人信念的堅持與高敏感度的感受，犀利的對話會讓兩個相愛的人分手，自己也將陷入友情決裂的風暴。

「獅子座具有王者氣質，常是群眾中最閃亮的一顆星子。不願意妥協的態度，不只保有個人魅力，也充滿自信的風采，近乎自戀的性情，讓身邊聚集許多小粉，女朋友也是其中一個吧？」我找獅子男來，起了個談話的開頭。

「老師，你為什麼這樣對我說話，好奇怪。」獅子男有些抗拒地問。

「我是路見不平拔刀相助的紅拂女，你不是剛上完〈虬髯客〉嗎？」刻意地裝熟，找話題，對熱情的獅子座其實很能破冰。

「別和自己過不去，巨蟹女是怎麼對你的，你心知肚明，很難再找到那麼適合你的朋友了，凡事包容，凡事欣賞，凡事提點。當不成戀人，巨蟹女也會是你最好的知己，你不該輕易放手這個美好的緣分……」我繼續說。

「我不會道歉，我做不來那麼娘的事……」獅子男強勢地說。

「被太陽照耀的一群，守護神是太陽神阿波羅的獅子座，最大的特點就是燃燒自己、閃瞎別人。你需要左腦型的**《說話有趣逼得每個人都愛你的62個技巧》**讓心理學家沃辛頓（Everett L.Worthington）幫助你依循『LOVE法則』，也就是傾聽（Listen）、觀察（Observe）、認同價值（Value）、給予評價（Evaluate），持續愉快地談話；左腦型的**《工作，剛剛好就好》**適合現在的你，學會對時間做更好的切割，讓你找回快樂生活的比重。右腦型的**《於是，我們交換了青春》**可以讓你從曲老師身上學會珍惜自己生命最重要的東西；另外，東野圭吾首部愛情小說**《戀愛纜車》**會讓你明白：愛情角色之間的角力斡旋，『戀』比『愛』更需要膽量和決心。」我認真地根據獅子座的性格為他選擇四本書解惑。

巨蟹女、處女座閨密兩人冷著臉一前一後地走進辦公室，恰好聽見我與獅子男的對話。

「你們兩人也坐下吧！〇〇可以先離開，好好想想老師的話。」我揮揮手，示意請他離開。

「一個像太陽，一個像月亮，互相映照，互相欣賞，不只交心，也是一起走過風雨的知己吧！處女座是不容易真的把感情交給對方的，處女座更不會衝動地說話，除非你是她在意的人，她的正義感和保護欲才會出現。」我望著閨密，她的眼眶含著淚水。

「巨蟹座的真情感動了身邊的每個人，每個你認定的，你都是那麼盡情地守護，能成為你的朋友，真是幸福。但是不懂得愛自己，別人也不會真的喜歡我們的。你的守護神是狩獵女神黛安娜，你喜歡在固定範疇內行事，以求得保護與安全感。但是獅子男愛好自由、愛面子，柔情不足，霸氣倒是十足，他不會主動求饒的。所以請你讀一讀右腦暖心作**《想念，卻不想見的人》**，請先疼惜自己的心，再去觀想別人；還有左腦知性的**《你要嘛出眾要嘛出局》**會讓你找到好方法經營自己，人生的失敗不是跌倒，而是從來不敢向前奔跑。右腦直覺**《若你委屈自己，任誰都能刻薄你》**，提醒你：應該多愛自己一點，有底線才能不討厭。左腦邏輯**《溫柔是我，剛強也是我》**會讓你更能學習去尊重自己和他人的內在深層渴望，覺察人性需求，覺察自己，進而改變，活得自在。」我也把裝在袋子裡的書遞給了她。

「處女座守護星為支配智能的水星，不只有正義感，觀察力也細膩，守護神是赫爾墨斯。你是做事有原則的人，只是話說直了，傷心，傷人。人情最短的距離是繞了最遠的弧線說話，讓你沉思的左腦之作**《受傷的孩子和壞掉的大人》**很適合你現在的心境，找機會讀讀。**《橡皮擦計畫》**是善用左腦思考的麥可・路易士（Michael Lewis）

顛覆世人對決策流程的理解。在不確定的情況下做決策時，心智會怎麼被垃圾訊息誤導，而致誤判。處女座的智慧之神指引你思考方向，如果偏見可以抹除，人生會不會更美好？魏如昀**《小事×小示》**開啟右腦書寫：『我多希望我是真的錯看了世界，我才能勇敢用笑容面對。』所以，看錯人、看錯世界也是一種成長的學習，你不需要逼著自己冷靜、逼著自己不犯錯。生命偶遇的小事，獲得的小示，未來都成了珍藏的回憶，幾道美麗的人生風景。生命氣質獨有的失落感與孤獨感，都是處女座最迷人的特質。送給你右腦浪漫系的**《謝謝你走進我的景深》**，請打開五感覺察世界，雖然偶爾會受傷的，卻也容易發現別人無法體會的溫暖。」

靜然地向他們說著，希望老師為你們精選的好書，能讓大家理解自己，了解他人。試著把過往甜蜜的記憶，篩出難過的雜質，把痛苦釀成成長的蜜糖，溫柔的氤氳升騰，我們終將望見下一段晴朗人生。

當他們同在一起：牡羊座、金牛座、雙子座

牡羊座和金牛座出生在落英繽紛又萬物復甦的春季，因此牡羊座展現蓄勢待發的

爆發力；金牛座滿布躍躍欲試、神采飛揚的自信力，兩個性格截然不同的同學竟然在後走廊對峙。

一個快如羚羊、一個慢如老牛，一個熱情、一個安靜，本來八竿子打不著的兩人，只要拗上了，牡羊座與金牛座可都是十分堅持的，旁邊竟加上敲邊鼓的雙子座，看來衝突已是劍拔弩張、不可收拾的局面了。

「急驚風碰上慢郎中，就是前鋒加後衛的完美組合。」我趁勢加入戰局地說。

「老師，請不要亂開玩笑，很不好笑……」牡羊女很火爆地瞪向我。

「原諒我們金牛座總是少根筋、慢半拍，你們算是一對戀人、還是仇人……」我拍拍她的肩膀。

「說好周日拍微電影，現在才說周日不能去，他還認領攝影、剪輯工作，一群人到現場，沒有攝影師取鏡，去什麼去啦。」牡羊女氣憤地說。

「看來這是你失約喔，牡羊女生氣有理。但是言而無信不是金牛座的個性，你有什麼委屈嗎？」我溫情地望向他。

金牛男沉默許久，抬起頭說：「家人臨時決定周日要去看病危的祖母，我有提出要拍微電影的事，但是人生無常，探病也不能等，我也擔心臥病在床的祖母，不知她身體是不是有起色了……」金牛男慢條斯理地說完。

牡羊女的神色緩和下來，看來情緒也漸漸平靜下來。

「你什麼時候要去看祖母？」牡羊女問。

「早上十點左右。」金牛男歉然地說。

「我們六點就去拍微電影，我來通知組員，九點前搞定，讓你可以回家。」路見不平拔刀相助的牡羊女說完，就衝進教室開始叮嚀組員拍攝時間提前的事。

「如果你可以早點說出實情，大家都很願意幫忙你，悶在心裡悶久了會生病的，還會讓同學誤解你。以後要大膽地說出自己的感覺喔！所以，面對友情請你讀一讀適合右腦思考的**《蔡康永的說話之道》**，作者不是要你巧言，而是要你把對方放在心上地說話，四十篇短文讓你把話練好，是最划算的事。**《跟任何人都可以聊得來：巧妙破冰、打進團體核心，想認識誰就認識誰》**讓你有系統地學會九十二個高手圈的談話得分術。好好地說話，放大自己厚道穩重的性格，修正自己寡言慢拍的問題，讓你說話變成人際美味的醍醐味。至於愛情，用不朽**《想把餘生的溫柔都給你》**啟動右腦感性與浪漫，

《為愛徬徨的勇氣：阿德勒的幸福方法論》讓你愛得理性，也明白愛的本質與技巧，讓想要好好愛或是正在愛的金牛，都能找到方法好好愛。此生孤獨地來到世間，要修了千百年才能遇見或是愛上的，無論你去到哪裡，都要記住金牛對愛樸實無華地詮釋，那是自己最初也是最美的模樣。」

拍完微電影後的初夏，我看見同樣喜歡新鮮事物的牡羊女與雙子男，在社辦談天說地，狀似親暱。兩人志趣相投，未來都想從事與大傳或新聞相關的工作，反應敏捷，充滿創意的兩人，看來像很合拍的戀人。正當我天馬行空地亂想時，牡羊女突然聲音高亢，「砰」了一聲，社辦的門看來受到很大的波及。轉身就走的牡羊，臉龐上掛著滑過的淚痕。前一秒鐘還和樂融融、後一秒鐘天崩地裂，坐在社辦的雙子男也懊悔地流著眼淚。好戲劇化的一幕，讓我忍不住往牡羊女追上去。

「怎麼又是你？老師，你是整天吃飽沒事做，天天管閒事嗎？」牡羊女不領情地回話，讓我也望之卻步。

「老師只是關心你，像俠女般的你，不只願意為人分憂解愁，個性明亮熱情，讓人很難不注意你。只是，翻臉像翻書的性格，會不會讓喜歡你的人，常常無所適從？」

雖然有點受傷，還是說出真話讓牡羊理解我的感受。

「老師，很抱歉，我剛剛和同學話不投機，不小心把負面情緒丟給你了。」牡羊女一向如此坦率又勇於認錯。

「沒事啦！雙子座是極度聰明的星座，常常可以給身邊的人中肯又有創意的建議，你的單純善良、直接坦率，剛好觸動雙子座的心，讓他又喜歡又欣賞。你在他面前可以勇敢做自己，不用掩飾，雙子座的面面俱到，也讓你們相處的生活多采多姿。」我認真地分析著。

「老師，你覺得我們合得來嗎？有時候，我覺得他的情緒陰晴不定，看起來開朗樂觀，骨子裡卻有點陰沉憂鬱。」女孩擔心地問。

「你們的個性其實是良性循環，你的陽光剛好消弭了他的暗黑，他的足智多謀剛好彌補你的衝動，我不敢說，你們是天造地設的一對，但是理解彼此，真心相待，即使不能變親密的戀人，也會是很有默契的朋友。」

「老師建議你可以閱讀適合左腦的**《6分鐘日記的魔法：最簡單的書寫，改變你的一生》**，只要藉由早晚各三分鐘，寫下今日體驗到的美好事物，持續六十六天後，你就能感受生活正能量，改變大腦思維，不莽撞行事，創造快樂人生。至於**《愛的解答之書：專屬於愛的答案》**會讓雙子座理性地找到自己在乎的關係，也找到真正關於愛的解答。**《你，很好：接受過去的你，喜歡現在的自己》**適合感性的牡羊，提醒你：永遠會有人批評、質疑你，但你絕對不能看輕自己。要相信自己，喜歡自己。**《又做了，相同的夢》**不讓自己長大後變成彆扭的大人，幸福全是自己忠於善良的選擇而獲得的。送給你的好朋友雙子座**《不要在該奮鬥時選擇安逸》**提醒他：平凡的幸福，也需要不凡的努力，這樣你們就能持續走在夢想的路上。**《再愛的人也是別人》**透過彭樹君拾起在愛裡受傷的心，寫成三十一封信溫柔黏補愛情的各種樣貌。學習作者要我們學會的：愛是獨而不孤、哀而不怨、痛而不悔、記而不念。」我溫暖地說著。

女孩給我一個大大暖暖的擁抱，牡羊座的簡單與熱忱總能融化冰冷、感動人心。

閱讀能為青少年提燈，成為生命成的夥伴，以書為名，陪他們走過青澀的歲月，成為更好的自己，是所有老師的祈願吧。

當他們同在一起：天秤座、天蠍座、射手座

分組後的開學日，天秤女注意到坐在旁邊的天蠍男，不只渾身散發神祕的氣質，爆表的高顏值在語實班真是萬紅叢中一點綠。不過天蠍座對每個人都保持距離，偶爾還會有憂鬱文青的調調，讓人很難親近。天秤女溫柔如水、婀娜多姿，不只內外充滿致命吸引力，還是人緣強強滾的大美女。天秤女有意無意地向天蠍男示好，甚至每次分組討論總是主動邀約天蠍男一起共事。那天，天秤女生病沒到學校，少了熟悉的身影的位置，讓天蠍男的心彷彿也被掏空了，整天意志消沉、全身懶洋洋。

難道是愛情嗎？天蠍男自覺自己的生活不能沒有天秤女，天秤女已經攻占他的生活，而且填得滿滿的。明知道告白的風險很高，有膽識的天蠍男還是謀畫一連串羅曼蒂克的攻勢。放學後，不只買了發泡錠，寫了張卡片祝她早日康復，還繞到書局買了一本《圖解戀愛心理學》研讀，只要讀懂對方的心，就能事半功倍。原來，男人跟女人的愛情觀是不同的，書中提供許多戀愛的好建議，幫助天蠍男面對真愛豁然開朗。這時候，他還需要夥伴助攻，天秤女看起來很博愛，身邊都是對她有好感的曖昧男。所謂擒賊先擒王，看來班上最勢均力敵的射手男，可要先與他好好攤牌談判。

「憑什麼要我讓給你，大家公平競爭？」射手男酷酷地說。

「誰的勝算大，誰就先展開攻勢，不要把私人的事搞得風風火火，舉世皆知。」天蠍男冷靜地說。

「談戀愛又不是什麼見不得人的事，不用遮遮掩掩，來場君子之爭，願賭服輸，我光明磊落不會搞小人步數。」射手男豁達地說。

天蠍男臉色一沉，轉身就走。

「你到底是比還是不比，追還是不追，一句話，何必沉默不語？」射手男在他身後喊話。

「老師，天蠍男和射手男在籃球場上打起來了。」同學氣喘吁吁地跑來。

「怎麼會？他們一向彬彬有禮、待人十分有風度……」我邊喃喃自語，邊往球場跑。

扭打成一團的兩人，讓圍觀的人都不敢接近。看來無法隔岸觀火了，趕緊衝過去拉開兩人。

「好膽，就往我臉上打下去，卑鄙小人。」盛怒中的射手男氣得持續挑釁。

「說什麼？狗嘴吐不出象牙。你才爛人。」天蠍男不甘示弱地想往他身上揮拳。

「馬上停下來，停下來，停下來。」冒著被揍的危險，我請同學幫忙隔開兩人。

「先到辦公室，再好好說，好好喬，好好……」我被兩人憤恨的眼光震懾到，這兩個情竇初開的男孩，果真都被愛紋身了。

「老師希望你們明白：在感情的世界，不被愛的就要有風度地退出。這才是成熟的愛情，你們都接受嗎？」我倒上兩杯薄荷茶讓他們消氣。

解鈴還需繫鈴人，兩位王子的廝殺，還是要公主出來調停。

「幫我叫天秤女來辦公室。」我請同學傳話找人。

「這是社會寫實劇《藍色蜘蛛網》的校園版嗎？還是純愛系列《我的少女時代》？《那些年，我們一起追的女孩》？天秤女是沈佳宜吼！」我雲淡風輕地說。

「你們兩個怎麼搞成這樣？」說著說著，天秤女的淚珠兒落了下來。

淚落下來的聲音，只有情人才聽得見，天蠍男難過得眼眶泛紅，急急拿出手帕遞上，「這是錯綜複雜的三角戀愛，還是有人誤會很大的愛情荒謬劇？」我開誠布公地問著。

天秤女大氣地走向射手男，冷靜地向他鞠躬認錯：「對不起，我和天蠍男在交往，讓你誤會了，我很對不起。」

女神歉然地赧色，讓高EQ的射手男瀟灑地站起來：「所以，我才是局外人嗎？是我自作多情、會錯意了。兄弟還是兄弟，我欠你一個道歉。對不起。」射手男強忍痛苦，笑中有淚地說著。

這一幕讓在場的我們都忍不住揪起心來。

「希望你從這個經歷學會愛的真諦，感覺是要兩個人都說yes才能成立的，愛情不是比較，真的是適不適合的心有靈犀。這三本書有老師想和你說的話，希望你可以找時間讀一讀。**《學著，好好愛》**讓你從故事中學到深理論，用微笑化解愁緒，理性地思考箇中滋味，讓你重新學會『愛』！好好放下這一切，**《這一次，你該捨不得的是自己》**讓自己在和前一段關係告別後，找到繼續前進的辦法，獲得療傷、蛻變的勇氣。或許，轉變心情來個出走的小旅行**《一個人去丹麥，寫一本書》**讓你一個人也能活得很有意義，很快樂。做自己的生命設計師，自己的人生，自己設計！想過任何生活，都要努力計畫，你值得被好好地愛著。」希望這三本書是能讓射手座重新相信愛情的藥籤。

「你不懂得拒絕別人的示好，常常讓天蠍男妒火中燒，這種搞曖昧的錯覺，讓天蠍男愛得很悲催。如果不只能你們是天雷勾動地火、一見鍾情地愛上了，就要知道相愛容易相處難。老師想把角子**《每道傷心的坎，都是通往幸福的階梯》**送給天秤女，期待你能明智地想通愛情世界的底線，跨過『坎』後，你就能擁抱『幸福』。文字擺渡人樂擎**《願你的深情，能被溫柔以待》**不只能療癒天蠍男的落寞，讓天蠍男愛得更成熟，也能讓天秤女遇到此生專屬的溫柔。**《其實你知道》**要送給所有對自己生命負責任，且承諾創造幸福快樂的天秤女，當你擁有『醒覺』的能力，就能真實地活在當下。**《脆弱的力量》**讓『脆弱』成為天蠍男創造力和情感的核心，真誠面對自己的害怕，展現人性最強大的力量。**《寂寞博物館：20段名畫旅程，收留你說不出口的憂傷》**透過天蠍男對心底寂寞的爬梳，感同身受藝術家與你跨時空的惺惺相惜、彼此撫慰，然後收起悲傷的過去，邁步向前。至於**《如果有些心意不能向你坦白》**能讓天秤女更勇敢地向別人坦白自己的感受，避免閃爍之間，重蹈覆轍錯愛的苦澀。」

愛情的世界他們都歷經朗晴拂身的濃情蜜意，暴雨來襲的冷若冰霜，期待天秤女面對高度自尊的天蠍男，能透過閱讀而更細膩地理解他。一個容易受傷的男人，即便對天秤女愛得轟轟烈烈、全心全意，天蠍座專情卻像烈焰的心，也該走向理性穩定，成為彼此真正的白馬王子／白雪公主。

當他們同在一起：摩羯座、水瓶座、雙魚座

曾經遇過一位摩羯座的小老師，剛開始常被她冷靜淡然的回話句點，無論我說得多麼口若懸河、笑得多麼花枝亂顫，她總是保持慣有的一號表情。有一次，我重感冒到不斷打噴嚏，導致無法好好上課，她當機立斷地請示我：是否要讓大家自習寫作文，我們的寫作課還有一篇短文作業沒完成。她的高情商把事情考慮得很周全，下課後，還在我桌上放了幾顆喉糖，要我保重身體，多多休息。不知為何，望著她離去的背影，我驀然感覺到這個女孩不是無情而是深情，她把感覺藏得很深，讓別人對她有種難以親近、不好相處的誤會。

她會變成這樣獨來獨往性格的人，好像是有個故事的：原本家境富裕的她，因為父親經商失敗，導致家道中落。成績一直名列前茅的她，為了家裡經濟，放棄讀名校的機會，就近就學爭取入學獎學金，也把節省通勤的時間留給自己K書。原本班上有個藝術天分特別好的雙魚男，不斷對她示好、送上禮物，都被她斷然拒絕。事後，發現摩羯女還是很常協助雙魚男處理班級事物，忘東忘西藝術家氣質濃厚的雙魚男，因

為摩羯女的相挺，關關難過也關關過。摩羯女不只是他最堅強的後盾，也從不提及雙魚男追求她的前塵往事，對雙魚男始終保持好朋友的關係。

一直對雙魚男有好感的水瓶女或許不懂他們之間微妙的情愫，不只與雙魚男走得近，也常拜託摩羯女替她獻計，甚至替她傳話等。很快地，摩羯女退出雙魚男的生活圈，溫暖體貼的雙魚男與缺乏安全感的水瓶女一拍即合，他們有相同的嗜好，有喜歡追的劇，甚至還一起上線對打《Garena傳說對決》，說不完的話題，讓大家都能感受到兩人甜膩的氣息。天生有主見的水瓶女，常踩到玻璃心雙魚男的地雷，理智重於感情的水瓶女，開始覺得陰晴不定的雙魚男讓她愛得戰戰兢兢、綁手綁腳，溝通磨合無效之後，水瓶女主動對這場戀情棄械投降，留下還在原地暗自神傷的雙魚男。

有一天，念舊情的摩羯女突然在課後跟上我的腳步：「老師，可以幫幫雙魚男嗎？他的狀況很不正常，令人擔心。他已經好幾天趴在桌上睡覺，還有中餐都沒有打開飯盒……」摩羯女如數家珍地說著雙魚男失戀後的點點滴滴，我覺得這個女孩的心裡也有不能說的祕密。

「你還眷戀著與雙魚男在一起的相處時光，往事不只令你回味，也令你難忘，是嗎？你的忽冷忽熱，你的堅守底線到底是為什麼？明明就放不下雙魚男，你的心底也住著一個他呀！」我刻意點破地說。

摩羯女被我直白地剖析驚嚇到了，緩緩抬起頭說：「考上大學前，我不能談感情，再好的對象都一樣，我沒有資格，也沒有條件，我和大家不一樣。就算有喜歡，也談不上是愛情。」

「**《如果可以被喜歡，誰想被討厭？》**說過：吸引人的外在魅力，常常是給人好印象與好感的名片。被討厭不一定可恥，但被討厭也不一定光榮呀！你又何必自我設限。讓喜歡你的人親近你，讓自己不要活得那麼孤獨。**《高敏感者愛自己的19個練習》**能讓雙魚男辨認自己獨特的HSP敏感特質，豐富的想像力和細膩敏銳的直覺，隔絕外界干擾，天天練習愛自己，就能展現天賦。**《創造生命的奇蹟》**讓你知道：只要願意對自己的心下工夫，幾乎所有問題都能解決。你要先好好愛自己，讓自己喜歡自己。**《停止抱怨的人生》**教會雙魚男戒掉抱怨，開創幸福人生，讓人生起飛。就像喜劇演員卓別林說：『如果用特寫鏡頭看生活，生活就是一場悲劇；如果用長鏡頭看生活，生活就是一場喜劇。』」我把四本書拿給摩羯女，請雙魚男、水瓶女也來找我。

「打起精神來，人生無比精采，青春不過是一場跌跌撞撞的旅行，**《別讓現在的壞事，趕走未來的好事》**說：『只要不被打倒，壞事終究是個過期品！』失戀也一樣，都是生命美麗的圖騰，給你更好的養分。**《你只是看起來很努力》**讓你明白：生命中任何走來的人，只要曾經讓自己變得更優秀，你就沒有愛錯人。至於這兩本書是要給你忠實知己摩羯女的：**《開始，期待好日子》**鼓勵總是用懷裡僅存的一點火花，暖了別人，也亮了自己的阿信摩羯女。**《沒有人應該堅強一輩子》**要摩羯女學會示弱，找回柔軟的自己！一個人學著不那麼堅強，其實也是很好的生命情調。」我期待雙魚男能回過身，好好看見一直默默守護在他身邊的摩羯女。

「一直不用讓老師擔心的水瓶女，不知你在這段感情學會了什麼？」我悄然地問。

「學會認清自己不適合談情說愛，這次愛不對人，真的很『落漆』……」水瓶女倔強地說。

「作家江孟芝抱著『人生只有堅持，才能創造奇蹟』的態度，**《不認輸的骨氣》**學會人生的意義不在於拿到一副好牌，而在於如何把一手壞牌打好！曾帶給你傷痕累累的雙魚男，記得他的天真爛漫，原諒他懂得說愛卻不懂給愛的性格。**《怦然心動的人生整**

理魔法》讓你學會麻理惠的整理魔法，做著自己最喜歡的事，度過每個怦然心動、又閃亮亮的小日子。**《念念時光真味》**讓理性的你，透過味蕾找到感性的時光味道。或許食物的香味看來誘人，但令人眷戀的是味道包覆的情真。**《你已走遠，我還在練習道別》**讓你再一次從蛛絲馬跡中找到愛與不愛的平衡，喜歡與不喜歡都是真心走過。好好地和受傷的過去說再見吧！老師依然祝福著你們，從文字中找到抽絲剝繭的人生處方箋。」旁觀的自己依然期待他們，即使面對背對背的擁抱，都能瀟灑地互道祝福，快意向前。

怡慧老師「星座×閱讀」(五):戀愛推薦書單

火象星座		
牡羊座	**獅子座**	**射手座**
6分鐘日記的魔法:最簡單的書寫,改變你的一生 多明尼克・斯賓斯特(Dominik Spenst)|方智 **你,很好:接受過去的你,喜歡現在的自己** 艾爾文|方智 **又做了,相同的夢** 住野夜|悅知文化	**說話有趣逼得每個人都愛你的62個技巧:耶魯、康乃爾50所名校的「心理學實驗」,教你如何表達最得人心!** 內藤誼人|大樂文化 **工作,剛剛好就好** 阿飛|悅知文化 **於是,我們交換了青春** 曲家瑞|皇冠 **戀愛覽車** 東野圭吾|皇冠	**學著,好好愛:台大超人氣「愛情社會學」精華,六堂愛的必修課,翻轉愛的迷思** 孫中興|三采 **這一次,你該捨不得的是自己** 婕咪・瓦克斯曼(Jamye Waxman)|商周出版 **一個人去丹麥,寫一本書:嘿,你爲什麼不要快樂** 曾之喬|時報出版

風象星座		
雙子座	**天秤座**	**水瓶座**
愛的解答之書:專屬於愛的答案 卡羅・波特(Carol Bolt)|三采 **不要在該奮鬥時選擇安逸** 老楊的貓頭鷹|高寶 **再愛的人也是別人** 彭樹君|皇冠	**每道傷心的坎,都是通往幸福的階梯** 角子|平裝本 **其實你知道** 盧偉雄(Peter Lo)|城邦印書館 **如果有些心意不能向你坦白** middle|青森文化	**不認輸的骨氣:從偏鄉到紐約,一個屏東女孩勇闖世界的逆境哲學** 江孟芝|平裝本 **怦然心動的人生整理魔法** 近藤麻理惠|方智 **念念時光眞味** 吳念眞|圓神 **你已走遠,我還在練習道別** 渺渺|采實文化

水象星座		
巨蟹座	天蠍座	雙魚座
你要嘛出衆要嘛出局 李尙龍｜今周刊 溫柔是我，剛強也是我：來自薩提爾的生命啓發 胡慧嫚｜方智 想念，卻不想見的人 肆一｜三采 若你委屈自己，任誰都能刻薄你：小資世代突破盲腸的 30 個人生亮點 黃大米｜寶瓶文化	願你的深情，能被溫柔以待 樂擎｜平裝本 脆弱的力量 布芮尼・布朗（Brené Brown）｜馬可孛羅 寂寞博物館：20 段名畫旅程，收留你說不出口的憂傷 謝哲青｜圓神	高敏感者愛自己的 19 個練習 長沼睦雄｜如何 停止抱怨的人生 游祥禾｜布克文化 別讓現在的壞事，趕走未來的好事 艾爾文｜方智 你只是看起來很努力 李尙龍｜今周刊

土象星座		
金牛座	處女座	摩羯座
跟任何人都可以聊得來：巧妙破冰、打進團體核心，想認識誰就認識誰 萊拉・朗德絲（Leil Lowndes）｜李茲文化 爲愛徬徨的勇氣：阿德勒的幸福方法論 岸見一郎｜究竟 蔡康永的說話之道 蔡康永｜如何 想把餘生的溫柔都給你 不朽｜悅知文化	受傷的孩子和壞掉的大人 陳志恆｜圓神 橡皮擦計畫：兩位天才心理學家，一段改變世界的情誼 麥可・路易士（Michael Lewis）｜早安財經 小事 × 小示 魏如昀｜平裝本 謝謝你走進我的景深 蔡傑曦｜悅知文化	如果可以被喜歡，誰想被討厭？：心理學博士教你討人喜歡的技巧，被討厭的勇氣就備而不用吧！ 涉谷昌三｜三悅文化 創造生命的奇蹟：影響五千萬人的自我療癒經典 露易絲・賀（Louise L. Hay）｜方智 開始，期待好日子 阿飛｜悅知文化 沒有人應該堅強一輩子 艾莉｜悅知文化

第二大題：課業與人生方向

地表最強讀書術——讀得多，不如讀得巧！

親愛的怡慧老師：

我是天蠍座，請問我要如何提升自己的讀書效率，您有推薦的書籍可以參考嗎？

親愛的天蠍座朋友：

謝謝你的提問，其實學習真的需要找到關鍵鑰匙，才能讓你學得既輕鬆又有成就感。你或許不必比別人聰明，重要的是：了解自己的學習特質，並順勢掌握正確的讀書方法！把自己變成學習專家，既能讀好書，又能享受學習的樂趣，甚至透過讀書改變自己的人生，這不是一舉數得嗎？以下怡慧老師將針對四大星象，十二星座分項說明。盼以不同的書籍告訴莘莘學子：透過正確適性的讀書術，就能自我脫魯、實現更好的人生。

火象星座：讀書衝衝衝的爆發力

♈ 牡羊座：養成學習的好習慣

牡羊座的人對於人生有理想、有熱情，抱負宏遠。不過，讀書熱情常常容易淪為三分鐘熱度，複習學業內容，容易跟隨個人感受，顧此失彼。因此，建議牡羊座先從改變讀書習慣開始。請可愛的牡羊座注意，成績不好不代表頭腦差！給想改變自己，卻不知如何是好的你，清水章弘**《習慣改變了，頭腦就會變好》**讓你建立學習三大能力：掌控「自我」、「時間」以及「記憶」的能力，養成七個學習的好習慣，讓你找到對於讀書堅持到底的能力。

♌ 獅子座：讀書要靠實踐力

獅子座的人做事明快，勇敢有霸氣。對於目標明確的獅子座，最重要的是讓他相信成績突飛猛進的奇蹟。因此，韓國第一學霸姜聲泰以**《翻轉成績與人生的學霸養成術》**要獅子座用六十六天來投資自己，就能徹底扭轉自己的人生和考試成績。如此簡單的實踐，何樂而不為？學霸養成術的信心喊話，讓獅子座深信不疑，願意追隨彷若有光；讓獅子座知道讀書不是靠爆發力，而是實踐力！持續實踐這套讀書法，任何考試都能拿高分，成為真正的學習的霸王！

♐ 射手座：耐住性子、實踐學習策略

射手座聰明靈活，博學多涉、崇尚自由學習法則。這些優勢也成為射手的劣勢，他們變成樣樣通，樣樣鬆。因此，馬丁．克倫格博士（Dr. Martin Krengel）**《世界名校高材生的會讀會玩學習法》**幫射手座找到會玩又會讀書的典範，讓他們現身來談讀書術，容易讓射手信服。這本書以楷模經驗證明有效的十大學習步驟，告訴射手：若要成為讓人稱羨的A咖，要耐住性子做出學習策略、讀書計畫、理解熟記最難記的內容，簡化各科內容，一個周末熟背講義，一張紙能寫出一份總結摘要的筆記，讓準備考試變得有章法。當射手做好考試這件事，就會有更多時間從事自己喜歡的事。

風象星座：多頭馬車，一次兼顧

♊ 雙子座：鍛鍊大腦的專注力

雙子座的人多才多藝，性情機智、好奇心強。不過讀書較為淺碟不深入，專注力不高，造成讀書容易分心的問題。因此，建議雙子座先從練習專注開始，雙子座記不住讀的內容，是用的讀書方法不對。条原圭太郎**《專注的六堂課》**提到：讀書與天分無關，先打造讀書環境，再改變思考模式。培養正確心態、專注力，讓讀書有一套。製造成功經驗，雙子座才會愈讀愈有動力。因此，雙子座先來鍛鍊大腦專注力的技巧，就能不費吹灰之力地完成學霸養成術。

♎ 天秤座：學會有效率又省力的讀書法

天秤座對任何事情都保持中庸之道，試圖找到內外在的平衡。只是人緣好的天秤大多外務繁雜，常常找不到時間好好念書。因此，呂宗昕練功祕笈**《高效率省力讀書術》**、**《超智慧高分考試術》**，彷佛是替天秤座量身訂做的讀書術，不只教會天秤座在學校學習的各科知識，也提供天秤適切的讀書計畫，找到強弱科都不放棄的「讀書五力」與「一又四分之一K書法」。當天秤座學會既有效率又省力的讀書法，同時也獲得理想成績後，就能趁勢強化零碎記憶，不再念完就忘，成為考試場上耀眼的黑馬。

水瓶座：累積自己的雜學資料庫

重視理性思維的水瓶座，擅長邏輯推理，抗壓性較高。但因為個人特色鮮明，在面對選擇時常會三心二意。決定讀書方法或是計畫時，也常會感到焦慮。因此，水瓶座適合累積「雜學資料庫」，讓自己在在最短時間內找到好方法，讀懂任何書。宇都出雅巳提到：憑藉「速讀能力＝速讀技巧×雜學資料庫（知識、資訊、經驗）」這個公式，讓水瓶跟著宇都出大師的腳步，藉由「高速大量循環」的速讀技巧，累積大腦大量資料庫，間接提升閱讀速度。閱讀速度提升後，資料庫累積的效率也會跟著加速，這就是最適合愛思考的水瓶不斷增加腦容量的**《雪球速讀法》**。

水象星座：讓自己在書堆中游刃有餘

♋ 巨蟹座：拋開焦慮，建立自信心

巨蟹座的人重視責任感，若是把讀書當作分內事，他會認真做好。但是他容易對自己沒信心，形成某種知識的焦慮感。因此，建議感性的巨蟹座，從科學證實讀書術開始做起，有效爬梳學習脈絡，讓自己從改變讀書順序來調整，藉由改變後的爆表讀書效率，以及成功的實證，鼓勵自己按部就班地繼續前進。例如書中說：用對「最佳記憶法」多背幾個單字；善用「模式記憶」，秒解困難題；用「拖延戰術」激發讀書力，提升讀書績效。竹內龍人**《改變讀書順序，考試都能拿高分》**讓對考試有焦慮感的巨蟹找到考試不緊張、不失常的自信心，破除考前焦慮，讓大腦持續UP。

♏ 天蠍座：做好讀書計畫，再前進

天蠍座做事耐煩，有持續性，但常常過於瞻前不顧後，未做好全盤的規劃與系統思考，導致掛一漏萬的遺憾。因此，建議目標導向鮮明的天蠍座，先理解大腦的運作模式，發揮專注力、增強記憶力，提高讀書動力。兒玉光雄**《啟動考試腦》**利用短篇彩漫插圖，解說科學原理，適合天蠍有圖有真相的閱讀喜好。蠍子可以活用起床後和睡前的閱讀時間，做好一整天的讀書計畫與紀錄，讓自己容易檢核是否天天達標。這本書靈活使用四階段的專注力，讓天蠍提升讀書效率，破解在體力、心理上、精神上的盲點，不斷自我突破，終結考試夢魘。

♓ 雙魚座：提升邏輯思考力，活絡大腦

雙魚座洋溢藝術家氣質且有理想。多愁善感，感知強烈，容易受外界環境影響。面對未來、未知的事物，容易聚積壓力。因此胡雅茹**《心智圖筆記術》**以雙魚座擅長的藝術專長出發，只要用一張紙和筆，就能讓聯想無限延伸，透過心智圖的繪製和整理，抓住書中的重點，不管多複雜的內容，Mind Map化繁為簡，活化思考。心智圖幫助雙魚找出重點後，將筆記本全面「圖解化」，找到知識的前因後果與邏輯順序。提升邏輯思考力，讓多慮的雙魚能利用時間管理法，解決所有大小瑣事，為人生帶來不可思議的變化，成為既浪漫又有妙方的學習達人。

土象星座：不達完美不罷休

♉ 金牛座：掌握閱讀技巧，從中讀懂生命的智慧

金牛座的人堅守原則，能夠按部就班實踐，但偶會流於固執與偏見。他們讀書會重視結果利益（即成績高低），無法享受讀書的實質樂趣。因此建議金牛座從永不褪色的經典莫提默・艾德勒（Mortimer J. Adler）、查理・范多倫（Charles Van Doren）**《如何閱讀一本書》**為始，有系統地學會讀完一本書的策略，無論實用型、想像文學、故事、戲劇、詩、歷史、科學、數學、哲學、社會科學等，不只能讀出得心應手的況味，還能讀遍天下無敵書。這本書讓金牛能成功閱讀難讀懂的經典，不只增進閱讀技巧，同時也了解多元世界，從策略中讀懂生命的智慧，持之以恆地行走在真實知識的旅程中。

♍ 處女座：改變拖延的習慣，找到自學的價值

處女座做事細心、判斷分明，但是要求完美的性格，偶會讓自己變得吹毛求疵，讀書過於細瑣未能掌握大方向。因此芭芭拉・歐克莉（Barbara Oakley）**《大腦喜歡這**

樣學》讓處女座能重新訓練大腦，看見自己如何思考的歷程，找到學習的真法。從小地方開始調整，改變讀書習慣與思考方式。尤其學習數理科目與大腦的特性有密切關係，找到有效的讀書方法與有用的應考技巧，改變拖延的習慣，增強記憶力與學習之間的關係，讓學習深入、獲得自學的價值。

♑ 摩羯座：靠天賦，不如找對讀書的方法

摩羯座自我要求高，卻容易過於堅持而鑽牛角尖，繞到知識的死胡同而不自知。讀書即便十足認真，也會自認準備不夠，或是因為自認備充足，未達到標準，而心生氣餒。安德斯・艾瑞克森（Anders Ericsson）和羅伯特・普爾（Robert Pool）**《刻意練習》**提供超強的思維：找到天賦，不如找對方法。刻意練習的黃金法則讓摩羯理解天才與庸才之間的差別，書中提出「經驗是否等於專業」的價值澄清，讓摩羯座從科學實證與學理應用推論出：天才是刻意練習而來的，也讓摩羯願意接受技能學習法，潛能、天賦、智商其實都與真正實作練習有關。為自己設定學習目標，營造一個刻意練習、提升學習效能的環境，摩羯座就能學得有用又有料，達到真正的目標。

每次分享書單給年輕朋友總是戰戰兢兢如臨深淵、如履薄冰，因為深刻體會：不愛讀書不是你的錯。期待大人能以真正理解的心態，根據個人特質給予讀者實質的需要，讓書挹注生命活水或具有提燈的指引。一如蕭伯納說的：「要規定大人絕對不能給小孩你不想讀的書。」閱讀真正的意義是能幫助讀者，找到自己喜歡也能助益的書，那麼就從「星座×閱讀」開始吧！

怡慧老師「星座×閱讀」（六）：考高分推薦書單

火象星座		
牡羊座	**獅子座**	**射手座**
習慣改變了，頭腦就會變好：東大生教你的七個學習習慣 清水章弘｜麥田	翻轉成績與人生的學霸養成術 姜聲泰｜如何	世界名校高材生的會讀會玩學習法 馬丁．克倫格博士（Dr. Martin Krengel）｜商周出版
風象星座		
雙子座	**天秤座**	**水瓶座**
專注的六堂課：考上第一志願，學霸養成讀書法 粂原圭太郎｜世茂	高效率省力讀書術、超智慧高分考試術 呂宗昕｜時報出版	雪球速讀法：累積雜學資料庫，達到看書十倍速，大考小考通通難不倒 宇都出雅巳｜智富
水象星座		
巨蟹座	**天蠍座**	**雙魚座**
改變讀書順序，考試都能拿高分：活用「分散學習法」順應大腦習性記憶力增加3倍！ 竹內龍人｜方言文化	啓動考試腦：簡單、實用而且科學！菁英都在用的高效讀書法 兒玉光雄｜晨星	心智圖筆記術：將腦中智慧以清晰的脈絡呈現圖像化思維 胡雅茹｜晨星
土象星座		
金牛座	**處女座**	**摩羯座**
如何閱讀一本書 莫提默．艾德勒（Mortimer J. Adler）、查理．范多倫（Charles Van Doren）｜台灣商務	大腦喜歡這樣學：先認識自己的大腦，找到正確的思考路徑，就能專注、不拖延，提高記憶力，學會如何學習 芭芭拉．歐克莉（Barbara Oakley）｜木馬文化	刻意練習：原創者全面解析，比天賦更關鍵的學習法 安德斯．艾瑞克森（Anders Ericsson）、羅伯特．普爾（Robert Pool）｜方智

給自己一個掌聲——「讀」一無二的自信心

當你看見同學在課堂上引經據典、淘淘不絕，宛如耀眼的明星，是不是覺得很羨慕？

面對新環境，看見有人懂得隨時行銷自己，贏得友情，是不是覺得很崇拜？反觀自己，只要遇到大型比賽或考試，總是缺乏臨門一腳的自信心，導致表現失常或兵敗如山倒，是不是覺得很挫敗？

明明你也是很不錯的，但是為什麼總在重要時刻緊張、膽怯，甚至不敢主動爭取而失去機會呢？或許，我們少的就是對自己肯定的自信心。自己的認同，不只能讓你願意傾聽他人建議，也懂得欣賞他人優點，因為你不只肯定每個人都是獨一無二，值得被欣賞、被喜愛的，也願意喜歡自己真實的樣子。不過，自信心並非與生俱來的能力，它是透過學習、訓練而擁有的。就像一萬小時定律，當你願意挑戰困難，不斷地練習，就能駕輕就熟地掌握自信心。一如家喻戶曉的作家ＪＫ羅琳（J. K. Rowling），在被退了十二次稿後，仍不放棄、堅持自己的作家夢，熬過了、挺過了，就變成舉世皆知的傑出作家。如果，她第一次被退稿就放棄了，現在我們就讀不到曠世巨作《哈利波特》。因此，自信心要建立在反覆練習、堅持到底的專業上。就像有人說過：自信心就像是肌肉一樣，是可以被鍛鍊的，你愈使用它，它就愈穩定、愈靈活、愈能為你所控。自信心能讓一個人在最關鍵的時刻，發揮百分之百的實力，不至於失常。在緊急的時候，保持從容不迫、冷靜思考的人，通常是能發揮信心，進而能扭轉乾坤的人生贏家。

火象星座：建立強大的內在力量

♈ 牡羊座：勿將自信心建於虛幻事物之上

牡羊座是享樂主義者，不只要自己快樂也希望他人及時行樂。面對苦樂無常、悲喜交加的人生，牡羊座的自信心必須建立在「正念」的開端，它不只是正向思考而已，而是要打開真實體驗當下的生活態度與生活方式。喬・卡巴金（Jon Kabat-Zinn）**《正念療癒力》**讓牡羊正視每種感受，重新找回平靜、自信與充滿智慧的自己。不把自信心建立在虛幻的物質或名利之上，找到真正安定自己的情緒，學會放鬆，正念減壓，建立樸實強大的內在力量，找回熱愛生活與自己的自信。

♌ 獅子座：管好自己的大頭症

獅子座的自信心爆棚，但要注意內心的自大欲會跑出來壞事，一如美國暢銷作家萊恩・霍利得（Ryan Holiday）說的，追求夢想時，不是一頭熱地向前衝，而是得深思熟慮後再實行。如何展現內斂的自信，化逆境為轉機，讓獅子座的自信心操控起伏的情緒，鍛鍊內在心智，管好常被詬病的大頭症，恰是獅子座的學習之鑰。**《失控的自信》**可以讓獅子座在做決定時，不再獨斷獨行，也會懂得同理尊重他人見解，讓自己的自信心利己利人，創造雙贏局勢。

♐ 射手座：接納脆弱、不完美的自己

當環境充滿正面的能量，射手座的自信就能油然而生，盈滿胸臆。不過，當負面聲音在射手的心湖盪起波濤巨浪時，射手就要盡快讓心平靜下來，以免捲入暗黑情緒的漩渦，錯過遇見幸福的機會。猶太格言曾說：「世界沒有悲劇和喜劇之分，如果你能從悲劇中走出來，那就是喜劇。如果你沉緬於喜劇之中，那它就是悲劇。」林耕新**《解憂相談室》**讓射手能接納脆弱、不完美的自己。作者藉由實例告訴射手座「不安」、「偏見」、「誤會」，都能透過整理情緒找到了解與接受自己的祕訣，自信是從接納脆弱的自己開始。

風象星座：找到自己存在的價值

♊ 雙子座：別過於迎合他人

雙子座的自信心是來自人際的和諧，為了被喜歡而迎合他人，常會讓雙子座過於

在意自己在他人心中的地位，而失去做自己的自信，或是對他人言行與自己不合，而產生懷疑感。勞伯．所羅門（Robert Solomon）、費南度．弗羅斯（Fernando Flores）**《信任的勇氣》**告訴雙子：懂得真實信任，就要從被傷害、被背叛的情緒中重建關係——不只讓自己能從未知的挑戰，找到卓越的判斷力，也能從錯誤中學習，建立真實的自信。對於人際關係願意做出勇於承諾、付出信任的自信，讓自己成為互信環境的最大受益者。

♎ 天秤座：自己的價值，不需要透過他人認同

天秤座的自信心建立在他人的認同上，鞠躬盡瘁地與人交往，就是想取得他人認同。過於害怕對別人展現真正的自己，讓天秤失去自信，更糟的是，開始對別人的反應感到焦慮不安，甚至壓抑自己的個性，忘記自己真正想要的、想做的是什麼？**《為何我們總是如此不安？》**要天秤卸下面具、停止人際討好的糾結。加藤諦三想讓天秤座明白，他人的觀點並不代表自我存在以及被愛的價值。自信心是要建立在對自己的人生負責的態度，而非他人的喜好上。

水瓶座：放下執著，學會自我沉澱

水瓶座總是刻意讓自己既理性又努力，外表看起信心滿滿、無所不催，但是，過於執著某件事情，即便再努力也不見起色時，水瓶座的信心就容易被消磨殆盡。更糟的是，負能量積累過多，容易產生厭世感，開始質疑自己活著的意義，漸漸地自暴自棄起來。《**自信力**》作者Mr. P顛覆水瓶長久來對自信的認知，讓水瓶學會自我沉澱、調整思維，甚至分享自己從自卑走向自信教練的心路歷程。重視經驗法則的水瓶座能從中跟進，找到人生翻轉的可能，許自己一個煥然一新的亮麗生活！

水象星座：做自己命運的主人

巨蟹座：消除內心自我批判的聲音

巨蟹座其實是有才有德的星座，卻苦於未戰先敗的怯懦，常與成功擦身而過的遺憾，讓巨蟹也開始不相信自己了。你要學會做自己命運的主人，建立相信自己無所不能的信心，面對壓力就能輕易過關。馬修・麥凱（Matthew McKay）、派崔克・范寧（Patrick Fanning）**《真心接納自己，培養健全的自尊心》**要巨蟹接納自己，消除內心自我批判的聲音，學習區分健康與不健康的自尊，了解真正的自我價值。好好對待自己，每一個人的潛能都比自己想像得還要強大，不要因為一時的壓力，而失去信心，更不要輕易放棄。只要巨蟹願意相信自己，再堅持向前一步，成功就在眼前。

♏ 天蠍座：剛強的自信心也可以很溫柔

天蠍座善於管控生活，設有嚴苛、繁複的「秩序」與「規定」，因此天蠍座的自信心是建立在有秩序的生活價值上。雖然他們會意識到自己對某些事情過分自信或樂觀，但是內在帶來強大的「秩序感」，不會讓天蠍做出失控的事來。天蠍的自信心若能帶有鄭華娟在**《溫柔的心，強大的力量》**所提及的：力量能兼具強壯與溫柔，就不至於失控或流於自我判斷。有自信的天蠍，對於生活的掌控、人際的來往，都能有所底線與規範，對於人、事、物的尊重與關懷都是很到位的。

♓ 雙魚座：承認自己沒那麼糟

雙魚座的自信和內在快不快樂很有關係，內心愉快了，雙魚的自信自然就來了。蘇益賢**《練習不快樂》**讓雙魚座知道為何認真尋找快樂，結果快樂反而壞掉了、痛苦更苦了。或許，只要勇敢面對低潮，承認自己也沒那麼糟，常常要給自己多一點的正增強，自信和自卑就像善和惡、快樂和不快樂，都是一刀兩刃的。面對任何事情若能正向思考，就能發現陰影的背後是陽光。雙魚座要常常記得自己的優點，對自己信心喊話，以鼓勵替代責備自己，才不會打擊好不容易建立起來的信心，摧毀樂觀美好的生活。

土象星座：迎戰不完美的自己

♉ 金牛座：正視身體語言帶來自信的力量

大多數的人知道身體語言會影響對方的看法，但是很少人知道身體的模樣更會深切地影響自己。金牛座贏在做事的堅持度，卻少了開闊的自信心。**《姿勢決定你是誰》**

要金牛座從身體姿勢改變心理狀態，艾美．柯蒂（Amy Cuddy）倡導，只要花兩分鐘對姿勢做簡單的調整，就可以為自己帶來極大的改變！自信心不但能因此激增，抗壓性也提高，並且變得更有膽識、更有競爭力。如此簡單又易學的方式，最適合一板一眼又耐久度高的金牛座，並讓金牛成為自信昂揚的人生勝利組。

♍ 處女座：凝視、擁抱你的小自我

處女座要找到為自己加油的方法，讓恐懼的小惡魔退去，無論是事前的反覆練習，或是當下不斷地信心喊話，都有助處女座建立自信。田坂廣志**《為什麼缺點多的人反而受歡迎？》**提到：真正受歡迎且有好人緣的人，不是不得罪人，而是懂得賠罪；也不是只會讚美討好，而是懂得表達感謝。當你認清逆境是要鍛鍊處女座找到自信的強大力量，而不是阻擋你前進的絆腳石時，你不只能挺自己，也能挺別人。凝視心中的「小自我」，只要凝視它，就不會被逼到負面情緒上。「被逼出來」的力量，就像《水滸傳》中，宋江沒被逼，無法上梁山；武松沒被逼，就無法打虎。當你正面迎戰不完美的自己，其實你會看見完美的自己正在出現。

♑ 摩羯座：放棄與人比較，好好體會失敗

摩羯座才華與智慧兼具，總是靠自己就能成功，因此他們常常深藏自己的感覺，善良聰明又不需要別人幫忙的摩羯座是孤單的。一如潮凪洋介《**原來我不是沒自信，只是太容易被踐踏！**》提到的：讓自己成功的關鍵，往往不是知識或專業，而是「自信」。所有摩羯座想像的「最壞狀況」並不會發生，擺脫悲觀，會讓摩羯更明朗可親。放棄與人比較的人生，摩羯會擁有好人緣的自信。體會失敗並不會讓你丟臉，你反而會愈做愈順手，不斷累積自信。擁有自信未必能帶來成功，卻能給我們面對挑戰的積極力量，這是摩羯找到自信的捷徑！

美國著名心理治療師巴登・高史密斯（Barton Goldsmith）在《自信，沒人能給，更別自己摧毀》建議大家：面對再多努力也無法改變負面環境時，唯一且最好的方法就是選擇離開。為自信心留下最後一步棋，大膽出走與改變現狀，原來也是重燃自信的另類選擇。

期待大家閱讀完怡慧老師自信心星座推薦書單後，無論自信心排行的次序為何，每個人都能保有自己的天賦，放大自己的優勢，勇於嘗試新機會，願意承擔責任，洋溢自信。祝福每個人都擁有百分百的自信心，勇敢往前邁進。

十二星座自信心排行榜

不足：40 分以下	低：59-40 分	中：80-60 分	高：80 分以上
巨蟹座 容易受人言影響	水瓶座 過於追求完美	射手座 內在素質強大	獅子座 最有自己想法
雙魚座 對外在事物 過於敏感	天秤座 需要他人認同	牡羊座 善於經營自己	天蠍座 最喜歡自己
處女座 想太多又擔心犯錯	金牛座 堅持己見易受傷	摩羯座 不在意他人眼光	雙子座 最能迎合別人

怡慧老師「星座 × 閱讀」(七):建立自信心推薦書單

火象星座		
牡羊座	獅子座	射手座
正念療癒力:八週找回平靜、自信與智慧的自己(卡巴金博士二十年經典增訂版) 喬・卡巴金(Jon Kabat-Zinn Ph.D.)|野人	失控的自信:拿掉自大,你的自信才攻不可破! 萊恩・霍利得(Ryan Holiday)|三采	解憂相談室:從情緒整理、轉化想法,找回自信與自在的人生 林耕新|如何

風象星座		
雙子座	天秤座	水瓶座
信任的勇氣:找回自信,避免人際傷害的情緒哲學 勞伯・所羅門(Robert Solomon)、費南度・弗羅斯(Fernando Flores)|方言文化	爲何我們總是如此不安?:莫名恐慌、容易焦躁、缺乏自信?一本缺乏安全感的人都在看的書! 加藤諦三|方舟文化	自信力:13 堂關於事業、情感、人際關係的自信課 Mr. P|渠成文化

水象星座		
巨蟹座	天蠍座	雙魚座
眞心接納自己，培養健全的自尊心：美國臨床心理學教授教你瞭解自我的價值，與自己和好，重建自信 馬修．麥凱博士（Matthew McKay, Ph.D.）、派崔克．范寧（Patrick Fanning）｜遠流	溫柔的心，強大的力量：德國人的日常思考 鄭華娟｜圓神	練習不快樂？！：不快樂是一種本能，快樂是一種選擇 蘇益賢｜時報出版
土象星座		
金牛座	處女座	摩羯座
姿勢決定你是誰：哈佛心理學家教你用身體語言把自卑變自信 艾美．柯蒂（Amy Cuddy）｜三采	爲什麼缺點多的人反而受歡迎？：讓你自信做自己，又能贏得人心、無往不利的七個心靈技法 田坂廣志｜采實文化	原來我不是沒自信，只是太容易被踐踏！：48 個習慣，建立壓不垮的自信 潮凪洋介｜如果出版社

閱讀有「養」運動——「讀」步的運動家精神！

「體育班應該不用學那麼多吧？」

「體育班應該不用讀那麼多字的書吧？」

「體育班應該沒有時間閱讀吧……」

體育班的孩子似乎習慣被「頭腦簡單、四肢發達」的迷思標籤化，認命得有點自棄。

「比起運動場上的金牌選手，我更希望大家能記住自己也是一位終生學習的閱讀者。」在我談完鍾理和〈我的書齋〉課文之後，誠懇地說著。

身為體育班的國文老師，要讓孩子們對一本書有感，甚至喜歡，簡直如登天之難。即便是如此困難，也該讓他們乘著書籍的羽翼，飛往夢想的蒼穹。只要能有所改變，即使是從〇到〇・一，如此微小的跨越，對我而言，都是孩子超越侷限的躍進。

最近，日本棒球選手大谷翔平高中時所做的目標達成表曝光，我驚豔他的水平思考，懂得經營自己生涯的遠見，更私心地期待體育班的孩子能從大谷的九宮格表，看出一位頂尖體育選手成功的要素。

大谷翔平為了要讓自己成為地表上最強的棒球選手，從體格、控球、球質、球速、變化球、運氣、人性、心理等八方面，進行全方位地訓練，他沒有偏廢於任何一個區塊，盡力達到完美的平衡與自我的探問。

大谷翔平在運氣框格的發想：打招呼、打掃房間、撿垃圾、珍惜球具、正面思考、讀書、對主審態度、成為被支持的人。讓人眼睛一亮的是，大谷認同讀書是運動員為自己集氣的方式，更是球員能不斷發光發熱的契機。

大谷翔平高中時期的目標達成表

身體的保養	喝營養補充品	頸前深蹲90kg	改善內踏步	核心肌群強化	軸心不晃動	做出角度	從上面把球敲下去	加強手腕
柔軟性	體格	傳統深蹲130kg	放球點穩定	控球	消除不安	放鬆	球質	下半身主導
體力	關節活動範圍	吃飯早三碗晚七碗	強化下盤	身體不要開掉	控制自己的心理	球在面前釋放	提升球的轉數	關節活動範圍
清晰不曖昧	不一喜一憂	冷靜的頭腦熾熱的心	體格	控球	球質	以軸心來旋轉	強化下盤	增重
危機中堅強	心理	不破壞氣氛	心理	八球團第一指名	球速160km/h	核心肌群強化	球速160km/h	強化肩膀周圍肌肉
不造成紛爭	對於勝利的執著	同伴的同理心	人性	運氣	變化球	關節活動範圍	平飛傳接球	增加用球數
感性	被愛的人	計畫性	打招呼	撿垃圾	打掃房間	增加拿好球數的球	完成指叉球	滑球的品質
愛心	人性	感謝	珍惜的使用球具	運氣	對主審的態度	慢且有落差的曲球	變化球	對左打者的決勝球
禮儀	值得信賴的人	堅持	正面思考	成爲被支持的人	讀書	跟直球同樣的姿勢去投	讓球從好球跑到壞球的控球能力	以深度做爲想像

「孩子們，你們願意向大谷看齊，相信自己可以讀書，相信你可以與書為伴嗎？我們開始來展開閱讀的旅程，好嗎？」我認真地望向他們。

「我們該怎麼做？我們從來都沒有閱讀習慣。」

「我們沒有認真看完一本書過，我真的不會自己讀！」

「讀完一本書已經很難了，還要寫出心得，那不是天方夜譚嗎？」

「我要帶著大家一起閱讀，不是為了成績，不是為了自己，而是想帶著大家勇敢跨出這一步，讓你們相信自己是學習的天才；相信自己可以閱讀。如果我們真心嘗試過，就算後來失敗了，也算是無悔的青春。可以聽老師的話，試看看，好嗎？」這次連自己都說得有些哽咽。

幾位女孩低下頭來，眼眶有著淚水；幾位男孩臉上桀敖不馴的臉色減緩。我知道，他們正在和自己進行內在鼓音的對話，他們需要一點安靜的時間再沉澱、再出發。

孩子們的態度開始軟化了，我也請他們試著填寫個人閱讀診斷書：

星座類型 火象、水象 風象、土象	**閱讀類型** 動漫、繪本、 橋梁書、文字書	**閱讀字數** 沒有閱讀習慣／周 5000 字以下／周 5000-8000 字／周 8000-10000 字以上／周 10000 字以上／周
思考模式 左腦（科學邏輯） 右腦（人文藝術）	**閱讀診斷單**	**閱讀時間** 沒有閱讀時間 10 分以下／天 10-30 分／天 30 分 -1 小時／天 1 小時 3 小時以上
喜愛類型 電子書 紙本書 一半電子書、一半紙本書	**十大圖書分類** 總類、哲學、宗教、自然科學、應用科學、社會科學、中國史地、世界史地、語文、美術	**閱讀環境** 班上 家裡 圖書館 咖啡館 其他

既然下定決心要帶體育班的孩子們閱讀，就一定要讓它成功。

我挑選三個與我最為契合的來當先鋒。希望讓他們填完診斷單後，圈出自己的閱讀現況。

「大谷翔平在大聯盟初登板投出六K拿下首勝，下一場站上打擊首打席，轟出三分全壘打，他不只會投，也會打，被稱為投打二刀流，他憑藉的是什麼？不怕苦、不怕難，願意為了理想往上攀爬，讓自己能摘到更高的果子。難熬的歷程，最終將讓他望見最美麗的風景，你們害怕嘗試嗎？即便，一點把握、一些勝算也沒有，也會為自己再拚一拚嗎？」

孩子聽完有些心動，就還不敢行動。

「我怕自己一個人讀不下去，怕自己看不懂，怕別人覺得我們做作，怕自己不能堅持。」孩子誠實地說。

「運動員最可貴的精神是什麼？不就是永不認輸，絕地反攻的精神？甚至願意在難熬的歷程中，為自己的夢想咬牙苦撐。每個人都有無法跨越的點，每個人都想要為自己改變，但是踏出那一步真的很困難，尤其結果還是不可預知的。不過身為運動員，那份膽識與韌性絕對是比平常人更堅毅的。老師願意幫助你們，請你們要相信我。」我堅定地說。

「你們想和大谷翔平一樣強嗎？你想跟著他的腳步前進嗎？你願意忍受孤獨，讓自己為了自我實現的旅程走到最後一步嗎？你會寫下自己的夢想清單，讓自己踏實地、有目標地往有光的地方前進嗎？」我的每一個問句，都讓孩子的眼神燦亮起來。他們不是沒有夢，而是忘記自己是天才，他們可以的。

「第一本推薦給大家的書是何達睿**《我的未來，自己寫》**。年輕的時候，誰沒有抉擇過自己的人生方向？何達睿相信動漫書**《鋼之鍊金術師 OP4 - Period》**說的：『不在乎來自現實的異樣眼光，也要向前對抗的勇氣，並以悲憤的力量改變，即將來到身邊的命運。』你們和他一樣年輕，你們也要勇敢追逐自己的信仰，實現自己覺得對的事。」

當我說完，這本書已被一位跆拳隊男學生拿走了。

「第二本書是幾米**《不愛讀書不是你的錯》**，漂亮的書吸引你的目光吧！資訊爆炸的時代，每個人隨時面對如何閱讀的焦慮。幾米特有的繪畫風格和幽默的口吻，毫無顧忌地戳中每個人焦慮的死穴，誰想試試這本？」話一說完，幾乎是兩位女孩衝出來搶著這本書。我又從背包內拿出同樣的一本，要她們可以讀完一起分享閱讀後的心得。

「第三本書是史蒂芬・霍金（Stephen Hawking）**《我的人生簡史》**。霍金是這個時代最聰明的宇宙學家，也是科普暢銷書的作者，這本書是他揭露自己人生與思考演進的歷程，讓我們一窺霍金前所未見的生活面貌，是一本充滿勵志與淚水的個人傳記……」我的話還沒說完，就被班上考第一名的男孩舉手借走。

「誰想看一看史上最浪漫，不只穿越時空，還有動漫情節，是很接近你們想像的顧漫的愛情小說**《微微一笑很傾城》**，讓你錯過的愛情，有再次甜膩的機會。」幾位女孩害羞地向我走來。

「另外，再推薦一位也很火紅的校園愛情小說家趙乾乾，一系列的愛情小說很適合你們幾位閨密死黨交換閱讀，聊聊心得。如**《末末》**、**《鳶鳶相報》**、**《舟而復始》**，都寫盡黛綠年華動人的美好感情，愛情單純澄澈、虐心揪心的輪廓，一覽無遺。」我說完，桌上整疊小說，幾乎被搜刮一空。

「會不會覺得自己很善良，別人卻踐踏我們的善良？謝可慧**《別讓你的善良為愚蠢買單》**讓你知道：善良要用頭腦背書，不讓自己的善良為愚蠢買單，善良是照亮世界的光芒，是留給真正值得我們付出的人。但願你的善良幫助你遇見所有美好的人事物，而不是被辜負。」班上常常被當工具人的女孩默默地把這本書帶走。

「除了體育專長，你還能擁有什麼？斜槓時代，讀什麼比讀多少更重要。或許，做專項又讀書，常讓你分身乏術，但你可以靠自學翻倍自己的價值，透過書中的技巧，內化成斜槓的戰鬥力，讓關鍵知識提升你的競爭力！斜槓時代，你需要的是高效閱讀法，經營未來多重身分的多職人生。這本書適合你創造現在、擁抱未來，不只擁有運動專項的實力，還要用不凡的讀書術創造自己不甘平庸的人生……」這本書幾乎讓田徑專長的男孩們欣喜若狂，有默契地前來把山口周的**《斜槓時代的高效閱讀法》**拿走，甚至告訴我，我們可以找時間一起讀，而且由最厲害的金牌選手為我們導讀。

「命運對他開了一個殘酷的玩笑，但愛讓生命化為不可思議的奇蹟！一個不願意看見自己真實容貌的主角，最後克服缺陷的限制，勇敢長大的故事，很催淚、很感人的**《奇蹟男孩》**。」

「暢銷美女作家Misa的**《最親愛的我們》**有一種悲傷比喜悅停留人心更久，卻試圖寫出最完美結局的機心。小說中，雙胞胎姊姊交換身分之後，你認為她們會有什麼不同的命運與發展？」班上的甜姐兒快走而出，拿走了這本書。暖淚系青春愛情天后晨羽**《深海》**、東野圭吾長銷書**《空洞的十字架》**以及新作**《第十年的情人節》**，在我尚未導讀前，就已經被愛閱讀的學生搶走了。晨羽和東野圭吾強大粉絲支持著小說，看來實力超堅強。

「至於，我也很喜歡的張嘉宏在**《永不放棄的跑者魂》**說：『如果你問我說，你小時候就想當運動員嗎？其實我一點也沒有想這麼多，只知道這些事情是我最想做、也是最喜歡的生活。』蔡淇華在**《有種，請坐第一排》**更鼓勵，如果我們是魚，就別強求自己留在樹上，而是該在屬於自己的河流中，勇敢地擺動自己的鰭，定義自己的世界疆域。」這些話是我刻意為體育班孩子們朗讀的，希望讓他們有所依循與省悟：運動真正的價值是，擇其所愛，愛其所擇。最後，我以二十歲少女南谷真鈴**《成為更強大的自己》**的話，做為閱讀課的結語：「面對目標時，沒有其他東西比用熱情鞭策自己的意志更強大。相信自己的力量，就能看見奇蹟。」

期待更多運動員的不凡成就，讓他們有真實的典範身影，可以一生仰望與追尋，如林義傑、陳金鋒，都是從零開始，活出自我的了不起運動員。

怡慧老師「星座×閱讀」(八):活出自我推薦書單

我的未來,自己寫:17歲資奧金牌少年,衝撞體制500天 何達睿｜網路與書出版	鋼之鍊金術師 OP4 - Period 荒川弘｜東立	不愛讀書不是你的錯 幾米｜大塊文化
我的人生簡史 史蒂芬·霍金(Stephen Hawking)｜大塊文化	微微一笑很傾城 顧漫｜尖端	末末 趙乾乾｜聯合文學
鳶鳶相報:天清淺,且行且戀 趙乾乾｜聯合文學	舟而復始 趙乾乾｜聯合文學	別讓你的善良爲愚蠢買單:聰明是一種能力,善良是一種選擇,可以什麼都沒有,但一定要有態度 謝可慧｜平安文化
斜槓時代的高效閱讀法:用乘法讀書法建構跨界知識網,提升自我戰力,拓展成功人生 山口周｜采實文化	奇蹟男孩 R. J. 帕拉秋(R. J. Palacio)｜親子天下	最親愛的我們 Misa｜城邦原創
深海 晨羽｜城邦原創	空洞的十字架 東野圭吾｜春天出版	第十年的情人節 東野圭吾｜春天出版
永不放棄的跑者魂:眞男人的奧運馬拉松之路 張嘉哲｜時報出版	有種,請坐第一排 蔡淇華｜時報出版	成爲更強大的自己:20歲少女完全制霸世界七頂峰、南北極點 南谷眞鈴｜時報出版

我的未來自己寫——面對未知怎麼辦？

小說家以時間醞釀作品，化漫天煙塵為思想的凝露。面對未知又美好的世界，青少年恰能從作家豐富閱歷淬鍊而出的世界，勾勒未來生活的輪廓，找到前進的光。這次，要為青少年以十二星座的方式來推薦十二本少年小說，讓你可以透過想像的彩筆，勾勒自己美麗的人生輪廓：

火象星座：走上自信的伸展台

♈ 牡羊座：直來直往，有目標就去追

牡羊座向來直來直往，凡事不往心裡去，勇於表達。感情豐沛的他們，小說的開

端要立馬攫住他們的感知。陳郁如《**詩魂**》符應牡羊座有目標就去追，行動力滿分的閱讀特質。

《**詩魂**》以唐詩做為穿越時空的題材，情節創意十足、人物軸線清晰：五個魂氣是找回詩魂、恢復詩境的唯一希望。作家以懸疑之筆，讓主角穿梭在唐朝詩境，牡羊座有俠義特質、人道關懷，以正義之姿走進過去場域，解救即將潰散的「詩魂」，詩趣盎然，帶著解謎的挑戰欲望，絕對能讓牡羊座愈讀愈起勁，讀到最後一頁方才罷休。

♌ 獅子座：王者爲理想而戰

獅子座猶如百獸之王，一呼百諾，身邊都是包圍他、給他掌聲的朋友，因此他們向來驕傲自負又堅定寬大。

麥斯．范德葛林（Max von der Grun）《**少年鱷魚幫**》讓每個青少年都能成為超級英雄，展現自己與眾不同、獨一無二的潛質：鱷魚幫老大歐拉夫，具有決策和發號司令的領導特質；鎮定冷靜的瑪莉是唯一的女性，不便於行的庫爾特具敏銳的觀察力；年紀小的漢納斯，有過人的膽識和正義感。溽熱的六月，心裡都有夢的他們如何憑藉彼此的專長、同心協力，從一個廢棄工廠出發，找到無所畏懼的勇敢靈魂，為理想而戰。

♐ 射手座：燦亮堅持理想的孤獨

射手座的內心是驕傲的，外表看起來總是笑臉迎人、無事一身輕，面對現實與理想的拉扯，因堅持而被排擠的孤獨，射手座的生命疑惑，或許都能在梅格．沃里茲（Meg Wolitzer）首部青少年小說**《瓶中迷境》**找到答案。

小說家透過虛實交錯的筆法，在因緣際會下，讓五位「心曾破碎過，情曾決絕過」的青少年——潔兒．葛拉修、凱西、席耶拉、馬克、葛里芬，在一堂特別的課程彼此相遇、相知。再從一本古老破舊的紅皮日記本啟程，透過未知的旅途，進行某些神奇力量的對話、顛覆、療癒，再出發。一輩子都像大孩子般善良天真的射手，在文字照映下，暗黑的世界頓時也燦亮起來了。

風象星座：讓執念隨風飄散

♊ 雙子座：人生也如虛擬闖關遊戲

雙子座具有流動、跳躍性的思維，求新求變的雙子，天南地北的題材都能接受。

不過，雙子最愛的閱讀類型是從被動變成主動出擊的閱讀模式，因此精選**《獵書遊戲》**系列的小說，讓他們打開書頁就有耳目一新的新鮮感，輔以緊湊的情節，輕鬆走進文學經典與推理解謎的兩大元素：開始體驗主角艾蜜莉和詹姆斯在舊金山灣、充滿神祕色彩的惡魔島中的穿越虛實；浸漬在精采的冒險情節，運用不同知識進行解謎的新奇與快樂。看到雙子座邊拿紙筆推算、邊上網查察的認真模樣，**《獵書遊戲》**其實是珍妮佛・夏伯里斯・貝特曼（Jennifer Chambliss Bertman）成功營造與讀者共同進行虛擬闖關遊戲的另類小說閱讀。

♎ 天秤座：找到眞正美好的平衡感受

天秤座不只是朋友圈中優雅的和平使者，更是尋求物質與精神內外平衡的信仰者。鄭宗弦精心設計書香與菜香齊飄，武藝與廚藝齊聚的**《少年廚俠》**，剛好對準天秤座講究平衡的閱讀口味。

小說含有歷史知識、典故，富有武俠熱血、正義。再從八大菜系的探源與巡禮，找到幸福的美味，略去過於刀光劍影的江湖恩怨，談的是濟弱扶傾、利他的人情豐美。美食派少年武俠小說以灶幫為核心，各地菜系、菜譜結合地理風土、文化習慣，搭配穿越時空、奇幻冒險、關卡解謎等多元閱讀元素，彷彿也讓天秤座找到色香味具足與心靈碰撞後，真正美好的平衡感受。

♒ 水瓶座：放下不放下，都是一輩子孤獨的修煉

水瓶座的心底都鐫刻一段不能說的祕密，一如張友漁書中所寫：「你最深刻的愛鑿在哪裡，哪裡就烙下你最深刻的牽掛。」

《再見吧！橄欖樹》透過老橄欖樹的觀點，書寫女孩六悅成長的青春故事、家族的起伏跌宕，村落的繁華與衰落。故鄉的林林總總，沒有一見鍾情的轟轟烈烈，卻有細水長流的深情愛戀。具有思辨力與創新力的水瓶座，在文字追憶的天光雲影、蟲嘶鳥鳴，體會到小說家寫的不是故事是真實的人生，生離死別，只要放下，就能雲淡風輕。但是，放與不放，都是一輩子孤獨的修煉。

水象星座：更勇敢更要溫柔

♋ 巨蟹座：與悲傷和解是人生的課題

巨蟹座的心扉盈滿母愛般的溫柔，他們喜歡照顧別人，對於家人般真心對待的感受特別依戀。**《被遺忘的孩子》**寫的是六歲男主角札克在偶發的槍擊事件中驟失摯親後，一個家庭如何撫平傷痛，放下仇怨；一個被遺忘的小孩，如何重尋家人和樂的安穩生活的故事。

瑞安儂．納文（Rhiannon Navin）這本少年小說或許初始的閱讀氛圍會讓愛家的巨蟹心情崩潰，但是與悲傷和解是巨蟹人生的課題，小說情節讓巨蟹正視人生遭逢一夕崩解的無常，透過溫暖系文字療癒心靈，與傷痛共生，邁向擁有飽滿生命力的正向人生。

♏ 天蠍座：不忘備戰人生的智慧與膽識

天蠍座是重質不重量的星座，恩怨分明、是非絕不能混淆。他是在另類的未來人與原始人之間擺渡的現代人。

歐森．史考特．卡德（Orson Scott Card）**《戰爭遊戲》**談的是東西方冷戰，柏林圍牆未倒下時的觀點，卻用一個科幻的情節來包裝：地球再度遭到「蟲族」攻擊，未成年的安德．威金，六歲卻絕頂聰明的他儼然已是拯救世界的最後希望。軍事天才的他能活著走出戰鬥學校嗎？在模擬外太空無重力狀態的「戰鬥室」，一次又一次的「戰爭遊戲」，安德會變成一個冷血的殺人機器？還是為人類生存帶來曙光的救贖者？天蠍不好戰，卻具有備戰的智慧與膽識，一如安德在小說呈現英雄出少年的真實形象。

♓ 雙魚座：找到情感紓解的出口

雙魚座是純粹為感情而生的星座，他們的腦中有許多原創的浪漫情懷，自卑也自傲，自愛也自棄，一如**《地圖女孩・鯨魚男孩》**作者王淑芬說的：「如果遇見愛，請用最美好的方式去愛！」小說用雙主角、雙主線，由書的前後兩邊各自展開，讀到中間處，便是他們是否見面的關鍵頁。

一輩子只要遇過一次，就再也無法忘記，這就是雙魚獨有的情調，留下的都是最純淨真切的感情，就像張晴永遠的第一名，完美無瑕的她，渴望「老戴」能用夢想的翅膀，帶她到世界上任何地方去遊歷，肩並肩走過的旅程，最後為何會變成背對背的擁抱？細膩溫柔的筆調讓雙魚的寂寞心事在溫暖的文字中被撫慰了，也找到情感紓解的出口，看來被讀懂的雙魚更有勇氣追愛尋夢了。

土象星座：擁抱不完美的溫暖

♉金牛座：從接納自己開始

金牛座按部就班的個性，對小說細節的觀察專注而敏銳。作者R.J.帕拉秋（R.J.

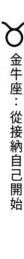

Palacio）行雲流水似的小說八部，打造「反霸凌」的完美陣容，多視角的敘述觀點，讓重視小說點線面具足的金牛臣服於**《奇蹟男孩》**的深度與廣度。

男主角奧吉的形象與遭遇讓實事求是的金牛座，心中最柔軟的部分被觸動。對既定認知難以改變的金牛，終於理解：一場萬聖節的惡作劇，奧吉面對的困難不是個人考驗，也是身邊每一個人的考驗。荷爾蒙在青少年身上帶來的生理變化，有意無意的霸凌事件，看見的是校園人際的危機與轉機？不說教凡能讓金牛相信：充滿淚水與勇氣、愛與希望的故事，讓我們學會從接納自己開始，就能改變命運的枷鎖與羈絆，走出自己亮麗的人生。

♍ 處女座：超越困境、認同自己

處女座是表面很神祕、內心很單純的人。程遠**《嘿，外星人你在聽嗎？》**敘述十一歲的男孩艾力克，心裡裝滿一個接一個的問號，走向狀況不斷的冒險旅程，透過五十二個錄音檔，記錄發射火箭的偉大計畫，最重要的是，希望他的心事與祕密能在外太空被讀懂且解密。

這樣的鋪陳與處女座充滿問號而求真的內在追尋相似，每個問號彷彿都是在探問身處未知的世界和自己的關係，「我是誰？」每個問號看似在尋求認同，更大的渴望是：超越困境、認同自己，進而為人生的航向掌舵。男孩如何在家庭失能、單親無恃的考驗下，消弭絕望、幻滅的考驗，讓自己堅持夢想，帶一抹希望的光束，不斷前進，小說的尾聲似乎也讓追求完美的處女座，找到獨一無二的自己。

♑ 摩羯座：未竟之路是最無悔的選擇

摩羯座是最有自知之明的星座，他們會留下自己手中最重要的一張王牌，關鍵的時候打出，一如**《寫給未來的日記》**作者潔西·柯比（Jessi Kirby）筆下的帕克·佛洛斯特。

透過十年前因應課堂作業所需寫下的日記本，讓女主角踉蹌顛簸的人生，在如謎團的日記密碼中，找到堅定地探尋與前行的答案。作者運用巧妙的文字技巧描繪青少年的懵懂不安、愛情和友情的取捨。單純的小鎮與錯綜離奇的情節相對比，讓摩羯座真心面對可能出現的人生難題——人跡罕少的路？舒適安穩的路？帕克的追尋之旅猶如堅毅摩羯座的人生寫照，不凡又珍貴的內在鼓音，在頁扉與頁扉之間奏響，未竟之路是摩羯無悔的選擇。

每次為學生推薦各類書籍，起心動念與洛夫《愛的辯證》的心意相仿：「緊抱橋墩，我在千噚之下等你，水來我在水中等你，火來，我在灰燼中等你。」等待孩子打開一本書的痴心，從不拘泥任何形式，只盼以閱讀者的角度，為他們打開閱讀的門扉，尋找自己喜愛的人生！對閱讀的澈悟如霧起霧散，感謝文字帶來理解自己、他人、世界的真實力量，享受閱讀果真是無比倫比幸福的時光。

怡慧老師「星座×閱讀」(九):人生方向推薦書單

火象星座		
牡羊座	**獅子座**	**射手座**
詩魂 陳郁如	少年鱷魚幫 麥斯・范德葛林(Max von der Grun)	瓶中迷境 梅格・沃里茲(Meg Wolitzer)
風象星座		
雙子座	**天秤座**	**水瓶座**
獵書遊戲 珍妮佛・夏伯里斯・貝特曼(Jennifer Chambliss Bertman)	少年廚俠 鄭宗弦	再見吧!橄欖樹 張友漁
水象星座		
巨蟹座	**天蠍座**	**雙魚座**
被遺忘的孩子 瑞安儂・納文(Rhiannon Navin)	戰爭遊戲 歐森・史考特・卡德(Orson Scott Card)	地圖女孩・鯨魚男孩 王淑芬
土象星座		
金牛座	**處女座**	**摩羯座**
奇蹟男孩 R. J. 帕拉秋(R. J. Palacio)	嘿,外星人你在聽嗎? 程遠	寫給未來的日記 潔西・柯比(Jessi Kirby)

上述書目出版社皆爲親子天下。

我真的很不錯——面試時如何精準表達、推薦自己，找到好科系（工作）？

學測之後，面對大學眾多的科系的選擇與推薦甄選的準備，許多學生十分茫然與無助，不知自己是否能憑藉上傳資料與面試，在眾多優秀學子中脫穎而出（stand out）。患得患失的心情，讓我也心疼起來。機會是留給準備好的人，努力不一定會成功，但是認真走過，能為自己的人生履歷，添增精采的紀錄。單憑落點分析加上親朋好友的經驗談，你可能就被七嘴八舌的建議轟炸到失去理智。最後一刻，把最珍貴影響一生的申請志願序，胡亂地一指送出？與其事後懊悔自己把人生的機會，和未知的命運硬碰硬地下賭，不如事前針對自己的特質，截長補短，突顯自己的亮點，修正自己的弱勢，讓自己能知己知彼、百戰百勝。怡慧老師推薦大家可以從星座選書中，在短期間找到自己特長，做出與自己相應的備審資料與面試準備。

火象星座：展現你的熱情指數

火象多才多藝、靈活變通、適應力強。善用說話術就能說出動人感情、分析透徹、真誠溝通。

♈ 牡羊座：讓面試官看到你實質的誠意

牡羊座的熱情主動，最適合在面試或備審資料透過證據展現自己的熱情指數，這是經濟學中cheap talk，譬如說「我超想讀這個科系」，你必須拿出誠意來，有憑有據地列出細項，牡羊座通常都想憑著自己的自信闖關，但是面試要讓教授看到你的誠意是什麼。如何在考生魚貫而進，說到讓面試老師快要睡著的時候，端出絕妙的好故事，讓對方看到你的誠意與熱力，要不記住你也難。推薦牡羊閱讀褚士瑩**《企鵝都比你有特色》**。

♌ 獅子座：避免過於個人主義

獅子座的王者之風，贏在自信滿滿，卻也讓人有桀驁不馴的負面觀感，如何展現獅子座擅長用系統思考，而非流於個人主義，這就是獅子座要特別修煉的。建議可以進行層層解析個人潛質，如5W1H的原則——What、Who、Where、When、Why、How，找出學經歷的價值性、重要性，進行科系間密切的連結，容易讓人看出你的特質與競爭力。推薦獅子閱讀克里斯．安德森（Chris Anderson）**《TED TALKS 說話的力量》**。

♐ 射手座：將自己的故事說個精采

射手座天生就是一個能放膽去築夢的冒險家，不受拘束的射手座其實很怕被人品頭論足，尤其容易被他人睥睨的眼神傷到遍體鱗傷。射手座的真誠足以融化他人，但天馬行空的思緒常讓他人跟不上他的步調。面試不是聊天，收斂瀟灑不羈的玩世不恭，說個好故事感動面試教授，讓他對你刮目相看。在每個有條理的故事之後，下個專業的注腳，讓他覺得射手座原來也是值得信賴與依靠的人才。推薦射手閱讀鮑伯．柏格（Bob Burg）、約翰．大衛．曼恩（John David Mann）**《真誠，就是你的影響力》**。

風象星座：優雅、有條理的談吐最加分

風象理性又創新，好奇心強，探索度高，善於創造出眾的說話風格。

♊ 雙子座：用可量化的數據展現自己的特質

雙子座勝在多才多藝，敗也在多才多藝，天生耀眼的雙子座在第二階段要突顯自己與科系相應的專長與能力的時候，常常會失焦，因為太有才而舉棋不定，不懂自己要展現何種出人意表的能力，進而大意失荊州。請雙子座專注思考自己和這個系可以match的特色，用可量化的數據、質化的事實去展現自己的潛質，並簡潔清楚說出未來四年的學習目標與學習藍圖。推薦雙子閱讀王永福、謝文憲**《千萬講師的50堂說話課》**。

♎ 天秤座：放下面子，沉住氣，別怕挑戰

天秤座注意內外平衡，物質與精神合一。知之為知之，不知為不知的人格特質，

反成天秤座面試的優勢。他善於展現誠懇與友善的人格特色，卻容易被面試犀利緊張的氛圍打敗，只要有人質疑或是挑戰他的論點，天秤座就容易兵敗如山倒似的棄械投降。因此，天秤座要訓練自己的是面試時的抗壓性，不要自限於過往氣質談吐的優勢，面試如戰場上短兵相接，放下面子、沉得住氣，從容應對，必能贏得勝局。推薦天秤閱讀傑伊．海因里希斯（Jay Heinrichs）**《說理I》**。

水瓶座：論述要有深度，忌應付式答案

水瓶座富有創意與研究精神，十分適合鑽研學術題型，但標新立異、顛覆傳統，必須立基在專業證據上，才能創造個人化最佳擬答。透過強調重點性，彰顯優點、修正缺點，從訓練表達技巧，找到交談祕訣，切入重點、打動人心。尤其論述宜展現自己學養的深度，避免直覺式的答案，舉例有廣度，讓回答內容豐富多元，如此就能讓善於思考的水瓶座立於不敗之地。推薦水瓶閱讀夏目俊希**《真希望，我25歲就懂這些事》**。

水象星座：找到自身創造力的魅力

水象情感豐富直覺力強，易感的個性適合圖解方式，用神奇字眼及有技巧的溝通，創造成功的表達術。

♋ 巨蟹座：抓住目標聽衆的需求

巨蟹座的暖心特質，在面試場合看來反成卡關的門檻。面試場上廝殺激烈，讓人目不轉睛、印象深刻，才有機會拔得頭籌。不過，巨蟹座可以展現自己的高EQ、高人際溝通的能力，多少能讓星座的特質產生加分作用。但巨蟹座千萬要注意的是：思考目標聽眾（教授）希望聽到什麼？巨蟹座容易把五花八門的學經歷，自我感覺良好地全盤說出，如脫韁野馬般，讓人聽完無感。不過，巨蟹座可以展現自己的高EQ、高人際溝通的能力，讓星座的特質在面試場上產生加分作用。推薦巨蟹閱讀卡曼・蓋洛（Carmine Gallo）**《五星級溝通術，你的成功巨浪》**。

♏ 天蠍座：保持理性，切忌脣槍舌戰

天蠍座擁有驚人耐力，以及過人意志力，過五關斬六將的馬拉松式面試，總能聽

穎地抓住話語權，攫住他人目光。天蠍座就是站在山顛上的贏家，但天蠍座易被自己的完美主義困住，面對問題時，常困於左思右想，反覆琢磨，反而給人一種深沉的錯覺。尤其天蠍座一受激惱，容易憤怒、失去理智，切忌和面試老師唇槍舌戰起來。每個問題本來就沒有標準答案，重要的是一個人態度與氣度。推薦天蠍閱讀菲爾．瓊斯（Phil M Jones）**《讓人無法拒絕的神奇字眼》**。

♓ 雙魚座：找到爲自己而戰的自信心與語言魅力！

面對漫長的備審資料準備到面試關卡，多愁善感的雙魚座常常陷入虎頭蛇尾的困境，面對面試教授的提問，不是想要勝過對方，而是善用邏輯、讀懂人心、控制情緒，讓自己不切實際、優柔寡斷的性格，找到為自己而戰的自信心。雙魚座的真正的影響力，在於豐富的想像力與創造力，只要展現自身語言魅力，就會成為優雅又互動度高的說服者。推薦雙魚閱讀速溶綜合研究所**《圖解49個讓人一聽就懂的簡單表達》**。

土象星座：行銷自我的奇才

土象務實穩健，分析利弊得失，十分精準。只要擺脫緊張缺乏自信的缺點，就能展現超強說服術。

♉金牛座：不要害羞，勇敢秀出自己！

面試其實是行銷術，把自己當成商品，認真地兜售，金牛座常常是金玉其內、敗絮其外的星座，明明真材實料又是奇貨可居的人才，卻羞於自薦或是為自己包裝。真心希望金牛座把面試當成一個目標，透過推薦甄選的機會，訓練自己的外顯能力，就像良禽擇木，你該為自己的人生尋找優質的、適合你的地方，大膽衝破侷限，勇敢秀出自己。做好虛擬面試準備，熟能生巧，以不變應萬變。推薦金牛閱讀神岡真司**《超說服心理學》**。

♍處女座：觀察力與冷靜應對的談吐是強項

處女座生性謹慎，對於科系選擇常常過於保守而錯失機會，雖說：成績是一時的，尋找「我是誰」才是一生的課題。但面對自薦時代，處女座敏銳的觀察力與冷靜應對的談吐都是容易被看見，甚至萬中選一的特質。「第一印象」的形成僅需四十秒鐘，這就是處女座能把握的時機，處女座對探索世界真理充滿熱忱，若能從細節去統攝出一個人生真理，展現思考力的快捷，更是處女座高人一等的強項。推薦處女閱讀酒井美智雄**《容易緊張的人，如何說話？》**。

♑ 摩羯座：跳脫八股答題模式

摩羯座是最專心認真做備審資料的星座，因此他容易贏在專業導向的口試問題。不只會收集「共同題型」，如自我介紹、報考動機、未來方向。還會針對「個別題型」進行準備，找到具有強烈正當性的答案，如與科系相關的專業用語與未來發展等。無論普通題型，還是獨門題目，摩羯座要跳脫設定好的八股答題模式，摩羯座想要突破重圍，最好是能夠找到適性扣題又特出的答案，讓人看出你腳踏實地又曖曖內含光的潛能。推薦摩羯閱讀李勁**《99%的人輸在不會表達》**。

迎戰面試做好精準表達的準備，進入會場後，面帶微容、精神抖擻，表現謙恭有禮、自信樂觀態度，然後就好好向面試教授推薦自己的優勢吧！你不只要有安全過關的標準答案，最重要的是，蒐集既誠懇又令人印象深刻的故事，在屬於自己星座的表達術中，輕鬆展現自己與眾不同的專業應對。相信蓄勢待發的你，已經勝券在握，為自己成功拿到漂亮的大學入學券了。

怡慧老師「星座 × 閱讀」(十)：面試表達術推薦書單

火象星座		
牡羊座	獅子座	射手座
企鵝都比你有特色：給自己的 10 堂說話課，成為零落差溝通者 褚士瑩｜大田	TED TALKS 說話的力量：你可以用言語來改變自己，也改變世界 克里斯．安德森（Chris Anderson）｜大塊文化	眞誠，就是你的影響力：一開口就收服人心的 5 個雙贏溝通準則 鮑伯．柏格（Bob Burg）、約翰．大衛．曼恩（John David Mann）｜遠流
風象星座		
雙子座	天秤座	水瓶座
千萬講師的 50 堂說話課 王永福、謝文憲｜商周出版	說理 I：任何場合都能展現智慧、達成說服的語言技術 傑伊．海因里希斯（Jay Heinrichs）｜天下雜誌	眞希望，我 25 歲就懂這些事：學歷不頂尖，缺乏好口才，也能脫穎而出的職場變身計畫 夏目俊希｜方言文化

水象星座		
巨蟹座	天蠍座	雙魚座
五星級溝通術，你的成功巨浪 卡曼．蓋洛（Carmine Gallo）｜先覺	讓人無法拒絕的神奇字眼：話該怎麼講，結果立刻不一樣？只要改變幾個字，瞬間消滅對話中的負能量 菲爾．瓊斯（Phil M Jones）｜大是文化	圖解 49 個讓人一聽就懂的簡單表達 速溶綜合研究所｜今周刊

土象星座		
金牛座	處女座	摩羯座
超說服心理學：這樣說，99% 的人都會聽你的；50 種表達關鍵句，讓人不知不覺答應你！ 神岡眞司｜采實文化	容易緊張的人，如何說話？：年薪千萬說話大師教你克服緊張，一開口就吸引人 酒井美智雄｜核果文化	99% 的人輸在不會表達：話說對了，事就成了。公司裡該怎麼說話？麻煩就沒了。 李勁｜大是文化

當個快樂職人——為自己選個好科系、好職業！

鳳凰花開，驪歌奏響，畢業季來臨了，「後就業時代」重磅來襲！當科技化、全球化強勢改變人類生活方式，我們要用何種思維來選個適合自己的好工作？無論是學生選科系，還是未來選工作，搭配個人星座特質來分析，就能增加選擇的「機會成本」。對未來茫然沒有方向，與其胡亂選擇，不如認真考慮你做何種選擇，可能會對未來規劃有實質的幫助。

每個人的人生當然不一樣，刪除所有外在的雜音，可列出自己的優勢、劣勢、機會、威脅，用SWOTS做出好的決策。面對人生選擇的關鍵，絕不能含糊闖關：到底哪條路對人生、對自己是有利的？

要走一條保守舒適的路？還是要走一條冒險挑戰的路？

星座學就像「牌理」，當我們根據對方的出牌來推測他下一步會打什麼牌時，雖然不一定百分百準確，但比蒙著頭瞎猜勝率高多，也有把握多了。

面對ＡＩ人工智慧時代，科技風潮席捲而來，未來十年，可能有百分之六十的工作類型都尚未出現，但可預期的是：工作會變得更多元豐富，也更接近創意與個人化風格趨向。若從「星座×閱讀」來思考十二星座未來的職業選擇，只要性質相似或相近的，鼓勵大家都可以放心嘗試、勇敢逐夢喔！

人生是由無數的選擇累積而來的，用「星座×閱讀」為自己的工作做個好計畫或決定，就能讓自己當個快樂職人，闖出紅不讓的工作之路。

火象星座：開荒僻地的先驅

♈ 牡羊座：喜歡接受挑戰的奮鬥型人才

牡羊座的主宰行星是火星，活潑個性，勇戰直率，喜歡接受挑戰，是奮鬥型的人才。無論是業務推銷的工作，需要創意去開疆闢土的行業，如電腦遊戲設計師，都很適合凡事追求、快、狠衝的牡羊座。不喜於交際溝通的牡羊座，適合單具有主導權、自主權的工作，如市場開發人員。這些工作，不只適合他們個性，能突顯牡羊的優勢，讓他們做得自信又快樂。推薦牡羊座的閱讀書單是**《年薪千萬的業務員是怎麼做到的？》**史蒂芬．哈維爾（Stephen Harvill）要牡羊找出你的鯨魚級客戶，抓住百分之二十的他們，有什麼銷售祕訣？平庸與頂尖的差別是有效的行動，讓有行動力的牡羊善用四大銷售力、九個增加黏著度心法、八個高效工作力，不只能發揮天賦，還能深入了解客戶的需求，提供驚豔的服務，藉此在職場勝出，為自己與公司賺進最多的斗金。

♌ 獅子座：天生有領袖風範，適合主導性強的工作

獅子座守護星為太陽，一出生就是當領袖的料，「寧願雞首，不為牛後」的獅子，適合站到亮麗的舞台，擔任表演工作者、廣告行銷業的工作。獅子座不掩鋒芒、以自我為中心，不只熱情又善於帶動氣氛，適合主導性強的工作，如導演或股市經理人。獅子座具有天生表演「戲」胞，有強烈的企圖心又樂於助人的獅子座，有從政的優厚條件。見城徹**《人生是一個人的狂熱》**說：「野心這兩個字很膚淺，我聽了就討厭。人

生不過是與自己的戰鬥，人的實力是靠逞強的程度決定的。」他的故事與選擇，會讓獅子座欽佩的是：每一步在懸崖邊的戰鬥，為何見城徹每一次都創造活著的傳說？見城徹找到持續狂熱的工作心法：「啟」、「誠」、「轉」、「合」。「啟」是先投入自己，才能遇見天職。「誠」是義氣，懂得道義、人情和報恩。「轉」就是休閒，也是讓工作轉動的力量。「合」是化憂鬱為驚人能量，去做就能分出勝負，讓獅子座了解工作的真諦與生活之苦，找到能持續戰鬥下去的王道。

♐ 射手座：善用個人魅力，做職場的潛力新星

射手座受木星影響，嚮往自由，人緣特好、健談活躍。喜好追求新鮮事物的射手座，適合從事國際貿易、機師與空服員的工作。看似豪放不羈的射手座，其實對生命與人生的選擇，有自己堅定的想法，因此出版業、旅遊業都適合追求理想主義的射手。對任何事情都願意涉獵的射手，總是能把工作氣氛營造得熱鬧活絡，可視為各行各業的潛力新星，如：基金會工作、慈善事業、社會運動者也都很適合射手座。**《從今天開始，請用左手吃飯》**作者用十五個簡單易懂的離奇故事，透過詼諧風趣的口吻，讓你

洞察到這些故事，學會如何提升思考力、工作力、溝通力、社交力，找到叢林生存法則。作者精闢的講述風格，教你學會：出錯馬上接受現實；有同理心與誠信，積極聆聽，並懂得插入話題，在任何場合都能發揮自己的魅力。書中所提的，就是射手常用的溝通模式，加上羅希特．巴加瓦（Rohit Bhargava）提出的逆向思考，讓射手座能先從用左手吃飯開始，你就能在學校、工作、生活中獲得意想不到的成功經驗。

風象星座：邏輯縝密的思維者

♊ 雙子座：擅長搜集、傳遞訊息的傳信人

雙子座受水星影響，不只邏輯縝密、想像力奔放，加上個性活潑熱情，適合擔任課程講師、作家、編輯的工作。另外，雙子座天生語言表達力強，擅長搜集與傳遞訊息，是辯才無礙又擅長與人有效地溝通的星座。因此，新聞媒體工作者、口譯工作者都可選擇。雙子也對新奇事物有旺盛求知欲，因應時局，應變創新的導遊、運動休閒諮詢人員都很適合。雙子座基本上就是斜槓工作者，推薦閱讀**《做自己的生命設計**

師》，兩位教授比爾・柏內特（Bill Burnett）與戴夫・埃文斯（Dave Evans）將設計思維與生命觀點的共通性緊密地串連起來，釐清焦慮感與職涯、人生的錯誤迷思，用「設計思考」的方式回答求新求變的雙子座：「我這一生要做什麼？」透過生命設計的五種心態：好奇心、行動導向、重擬問題、覺察、通力合作，讓雙子座透過設計思考，創造有意義且快樂的人生。

♎ 天秤座：找到自己影響他人的關鍵

天秤座受到金星的影響，具有天生明星的架勢。高人一等的外表，懂得拿捏社交的分寸，讓天秤座適合演藝工作或公關人員。對於美好的事物具有敏銳觀察力、豐富想像力的天秤座也適合擔任美容、美髮設計師。對國家事務關心、對社會議題有興趣的天秤座，憑藉優質的儀態與口才，擔任外交官與公共服務工作都會是天秤座拿手職業。天秤座天性具備濃厚的正義感，他們追求公正嚴明、和諧溝通，兩者平衡。因此，律師及法官的工作也十分適合天秤座。新生代領導大師賽門・西奈克（Simon Sinek）首創黃金圈激勵理論，讓讀者找到影響人的關鍵：不在於做了什麼，而在於為何而做。**《找到你的為什麼》**讓天秤座勇敢、大聲說出激勵自己的「為什麼」，並在自己與團隊的「為什麼」裡找到平衡與成就感。當一群人發揮最大潛能，一起找到「為什麼」，齊心為工作注入熱情、建立互信，燃燒自己、點亮他人的行動計畫，就能創造歸屬感，讓除了工作就不相涉的一群人變成真正互挺的堅強團隊！

♒ 水瓶座：莫忘初衷，找到何謂志業的進化

水瓶座具有獨特的邏輯思考路徑，不僅跳脫舊有窠臼，不按排理出牌的創意，擅長把傳統的事業，變身為新型產業。廣告行銷、公關等行業，都讓點子爆炸的水瓶座馬上被看見。對於社會流行事物、高科技產物有莫名好感的水瓶座，投入資訊、網路工作也能成為大師級人物。喜歡創作又兼具美學造詣的水瓶座，漫畫家和插畫家都是他們易於發揮的領域。水瓶跳躍的思考模式，對未來趨勢與發展的預知精準。因此，發明家、哲學家、文學家也十分適合思考型的水瓶座。**《我是漫畫家》**的手塚治虫，從他的畫作可以窺見漫畫家是帶著某種使命而來的！他是許多漫畫家的啟蒙導師，學醫兼畫漫畫的他，就是典型「念念不忘，必有迴響」的代表人物，他讓讀者知道：漫畫到

底是什麼？漫畫家又能做什麼？在人生的挫敗與命運的挑戰下掙扎，一生堅持的漫畫學，有過光榮與挫折的印記，讓他餒累過後，還是找到畫漫畫的初衷！漫畫大師波瀾壯闊的人生紀錄，可以讓水瓶座找到何謂志業的進化？何謂工夫？工夫，其實就是莫忘初衷與時間的合擊。

水象星座：自如穿梭在現實與理想間

♋ 巨蟹座：別讓環境束縛自己

巨蟹座受到月亮的影響，喜歡從事非前線的工作，加上嚮往舒適自然的工作環境，一如巨蟹依戀的、愛家的感覺，如餐飲或飯店行業。他們是好家人星座，與生俱來的母愛，讓人感受到濃厚的關懷與呵護感，因此居家照護者、物流服務員都能展現巨蟹與眾不同的服務熱忱。加上巨蟹座對於體察他人情緒的轉變十分敏銳，對於工作細節也是有嚴謹的SOP，能營造融洽和諧的工作氣氛。因此，教育工作者也十分適合巨蟹座。環境不是束縛，**《我愛這個現實的城市》**作者Green認為我們太容易在一開始就告訴自己不可能。建議巨蟹座在決定第一份工作時，忘記自己的熱情與擅長的事，選一份可以賺到最多錢，同時又能聽到最多人生故事的工作。面對挫折，巨蟹座請保持不甘心、持續挑戰的態度，這會是常心生軟弱的巨蟹座向前跨步最大的成長動力。

♏ 天蠍座：改變自己的慣性思維

天蠍座受到冥王星的影響，深謀遠慮的他能夠接受長期獨處的工作，金融分析師、調查員都能讓天蠍發揮所長與所學。有責任感，勇於承擔責任，對自己有高度自信心，加上過人的智慧，善於體察人性與心理，因此，醫師、心理治療師的工作，會讓天蠍座的績效令人刮目相看。講究神祕感、感應力和推理能力過人的天蠍座對於占星、卜卦、紫微斗數等專業十分有興趣，可成為專業的星象學研究者。**《出去闖！擁抱世界級夢想》**作者艾兒莎（Elsa）沒有名校文憑的光環，也未經專業的培訓，卻靠著勇往直前的態度與毅力，年紀輕輕便當上CEO。這讓有膽識與創意熱情的天蠍座有了可以遵循的方向。作者不顧母親的強烈反對，去蒙古當國際志工，這次的出走改變她的生命抉擇。離舒適圈愈遠，才能離自己的心愈近，這也是天蠍座欣賞的人生價值與方向。只要你願意改變自己慣性思維，願意在準備好之後，帶著勇敢與自信出走闖關，那麼你就能找到熱情擁抱夢想的溫度。

♓ 雙魚座：克服內心的障礙，理解夢想是沒有盡頭的

雙魚座受到海王星的影響，游移在理想和現實的工作之間，若能善用豐富的想像力，找到與世界對話、同感人心的靈犀，就具有成為詩人的條件。雙魚座追求浪漫和愛的事物，全身散發迷人的藝術氣質，擁有與內在性靈相處的潛力，適合從事藝術方面的工作。另外，雙魚座對世界滿溢愛心與善意，擔任國際志工、非營利組織工作都能表現出色。在動漫同好圈，超人氣聲優梶裕貴在**《有一天，一切都會成為你的力量》**分享自己如何將「夢想」變成工作，莫忘初衷、堅持到底，讓雙魚座驅動自己前進的動能，還有追夢實踐的勇氣。他是完美演繹《進擊的巨人》中艾連．葉卡角色與《七大罪》梅里奧達斯等知名動漫要角的聲優。你可知？他從小膽小怕生，不常在眾人面前表現。他如何從各式各樣的夢想中找到自己的天賦？又如何克服內心的障礙與外來的

諸多挑戰，朝著「聲優梶裕貴」的理想邁進？當你理解「夢想是沒有盡頭的」，那麼就勇敢走在不斷戰鬥的旅途上吧！

土象星座：追求細膩完美的最佳託付者

♉金牛座：不怕嘗試，享受失敗

金牛座的主宰是金星，性格雖慢條斯理，對於專業的鑽研卻頗有耐力。因此，對設計工作是十分勝任的。金牛座也受掌管愛與美的維納斯的影響，對於美食、美容、園藝、花藝有獨特見解，只要按照做事步調、調配時間，他們對工作進度的掌握是遊刃有餘的。不過，金牛面對有時間壓力的工作，大多戒慎恐懼。盡量尋找能發揮穩紮穩打的特質，金牛也擅長運用感官知覺的工作，如：諮商輔導員。適合金牛閱讀的是Chikirin**《不怕你沒本事，就怕你沒Sense》**，要創造對的價值，重點不在學問、資源的多寡，而在培養發掘暢銷商品的能力。它讓個性不疾不徐的金牛，能順勢培養「市場感覺」，以精準預測未來的動向力，發掘暢銷商品，活用個人核心價值。帶領金牛座了解誘因系統，看出箇中門道，不怕嘗試，享受失敗，輕鬆預見未來的暢銷榜。

♍ 處女座：擅長分析，講究細節

處女座受到水星的影響，擅長分析、細膩完美的性格，讓他對於需要花心思的工作，大多十分上手，如：會計師、系統分析師。聰明的處女座，靈活度高，善於舉一反三，專業研究員能讓他得心應手。加上處女座實事求是、講究細節、一絲不苟、自我要求高的性格，對於稽核管理員、資料處理員等，都是十分適合處女座的行業。處女座對於健康保健、醫療議題都會有興趣，醫療研究人員能發揮專注力高的長才。

《惡血：矽谷獨角獸的醫療騙局！》十九歲的伊莉莎白・霍姆斯從史丹佛大學輟學後，用一份二十六頁的文件開始創業，她用「一滴血」顛覆血液檢測、翻轉醫療產業，短短十年，她成為矽谷第一個身價數十億美元的女性科技創業家。看似人生勝利組的企業家，因一個爆料、一封匿名檢舉信，讓作者約翰・凱瑞魯（John Carreyrou）從二〇一五年始揭露這起醜聞，Theranos不曾曝光的邪惡祕密與詐欺行為……因一百五十人

（含六十位前員工）擔任勇敢吹哨人，竟使高達九十億美元的生技獨角獸在六個月內極速崩解。心思縝密的處女座閱讀此書不只愛不釋手，也讓有正義感的他理解職業道德與事實真相對世人的重要。

♑ 摩羯座：低調務實，耐力凡人無法比

摩羯座守護星為土星，個性沉著低調、自律性強、實事求是，不只極富責任心，只要立定目標，就穩重踏實地前進。因此，摩羯座十分適合擔任公職人員。摩羯座擁有低調務實、循規蹈矩、做事謹慎的特質，耐力更是凡人無法比的，工程師、科研人員都適合他的性格趨向。摩羯座刻苦勤勉、道德心強、信守承諾，因此常得到大人物的信任，從事建築設計業、土地開發業等工作，讓他們以高度的熱忱全力以赴，達成組織所託。**《八角哲學》**中，江振誠提到：「料理，不只是料理。料理，是創造極致的美食體驗，因此每個小細節都至關重要。」江振誠抱持著「一輩子可以做一件對的事，就夠了」的初心，不只把廚師的工作做到出色，也讓廚師的專業達到登峰造極的高度。八角哲學，各有獨特的個性，各自延伸出不同的屬性，獨樹一幟的創意DNA，提供

摩羯座尋求創造力的鑰匙，創造出最平衡的體驗。簡化、後退、放下。臻至完美，作者談的不只是料理，也是啟發魔羯找到人生靈感的指引。

怡慧老師「星座×閱讀」(十一):求職推薦書單

火象星座		
牡羊座	**獅子座**	**射手座**
年薪千萬的業務員是怎麼做到的?:21個經營鯨魚級客戶的銷售祕訣 史蒂芬·哈維爾(Stephen Harvill)|天下雜誌	人生是一個人的狂熱:日本暢銷書之神見城徹化憂鬱爲驚人能量、解工作與生活之苦的生存之道 見城徹|時報出版	從今天開始,請用左手吃飯:15個提升思考、工作、溝通與社交力的有效方法 羅希特·巴加瓦(Rohit Bhargava)|天下文化

風象星座		
雙子座	**天秤座**	**水瓶座**
做自己的生命設計師:史丹佛最夯的生涯規畫課,用「設計思考」重擬問題,打造全新生命藍圖 比爾·柏內特(Bill Burnett)、戴夫·埃文斯(Dave Evans)|大塊文化	找到你的爲什麼:尋找最值得你燃燒自己、點亮別人熱情的行動計畫 賽門·西奈克(Simon Sinek)、大衛·米德(David Mead)、彼得·道克(Peter Docker)|天下雜誌	我是漫畫家:「漫畫之神」手塚治虫唯一親筆自傳 手塚治虫|麥田

水象星座		
巨蟹座	**天蠍座**	**雙魚座**
我愛這個現實的城市：最令人信服的 28 歲創業家帶你闖出自己的路 Green｜先覺	出去闖！擁抱世界級夢想：27 歲 CEO 的圓夢方程式 艾兒莎（Elsa）｜方智	有一天，一切都會成爲你的力量：解析超人氣聲優梶裕貴成長歷程的首部中文版作品，和你分享將「夢想」變成工作的方法。 梶裕貴｜瑞昇

土象星座		
金牛座	**處女座**	**摩羯座**
不怕你沒本事，就怕你沒 Sense：培養市場感覺，預見未來的暢銷榜 Chikirin｜先覺	惡血：矽谷獨角獸的醫療騙局！深藏血液裡的祕密、謊言與金錢 約翰．凱瑞魯（John Carreyrou）｜商業周刊	八角哲學 江振誠｜天下雜誌

第三大題：家庭與親子溝通

讀出你的風格來——閱讀不用考？我還要閱讀嗎？

多次受邀到高中校園與青少年聊閱讀議題，學生走進禮堂，情緒通常不會太高昂。關於閱讀這個有違和感又高深的議題，他們不見得有興趣或好感。

破冰時間重新啟動關係的星座話題，我挑選模樣氣質看起不太相似的學生，從詢問他們星座類型，再切入其對於親情、友情、愛情、人生價值等議題的想法。

誰說年輕的小孩對認識自己沒興趣，只是長大後，大人只喜歡和他們談：你考幾分？未來要讀什麼科系？還有，不要太早交男女朋友，不要玩社團，不要……哪個青少年不是明知山有虎，偏往虎山行？

你「不要、不要」的看法，很快地都會被青少年的神邏輯「句點」。誰喜歡被拿出來貼標籤，甚至被秤斤論兩的評價？每個人都希望有人懂我們，喜歡我們，愛我們。

透過周哈理窗理論，輔以星座觀點，通常會讓青少年從開放我（open self）進一步提升自己的外在形象；透過星座學觀點，點撥學生的盲目我（blind self），避免陷入旁觀者清，當局者迷的思考偏見。

青少年並不喜歡在大庭廣眾下被談論，常透過隱藏我（hidden self）的模式，封閉人我之間的透明度，太多的祕密反而有人際的問題。或許，透過閱讀文本這個途徑，就能開發學生的未知我（unknown self），當他們愈了解自己，就愈能發揮潛能，走向自我覺察、自我實現的路途。

火象星座：Guts一百分！

♈ 牡羊座：直覺百分百

「牡羊座，主宰星為火星，守護神為戰神瑪爾斯。牡羊座個性急躁衝動，說衝就衝，是很有膽識的星座。不過，牡羊做事常被詬病的是只有三分鐘熱度，缺乏堅持度。來得快去得也快的脾氣，可以說是坦率天真，也可以是情商過低。但是，牡羊座勇於追求自己喜歡的，堅持自己的正氣之道，都是很可愛的特質。牡羊座只要對自己或身邊的人多一點細膩的心，發揮敏銳的觀察度，牡羊也可以是討人喜歡的暖心星座，擺脫易怒、難溝通的錯覺。」我熱情地望向牡羊座同學說著，他們果然直覺地為我鼓起掌來。

「牡羊座拒絕別人的口吻要委婉些，注意身邊的朋友，不要因為自己的口無遮攔而讓他們玻璃心碎滿地。當你心情低落時，不妨找信賴的知己給你打氣與支持，你很需要他們的建言，給你衷心的指引。第六感很準的牡羊，請相信自己的直覺，很多事情，只要保持樂觀都能否極泰來的。」認真地提出給牡羊愛的抱抱的看法。

「牡羊座很適合閱讀朱薩克的**《偷書賊》**，牡羊座爆棚的正義感，看到一個撼動死神故事的情節，會心有戚戚焉的。**《多魔坂神社的一千零一夜》**讓對奇幻世界充滿想像力的牡羊愛不釋手，雖然有些光怪陸離的情節讓人膽戰心驚，但是求知欲強的牡羊，還是忍不住瞇著眼睛繼續讀下去。**《預知死亡紀事》**讓牡羊座體會到唯有為弱勢請命，才能擎起社會真正的公平正義。**《每一天，都是放手的練習》**讓牡羊座誠實面對自己，為痛苦扛起責任，療癒內在，好好照顧自己和身邊的人。」牡羊座的同學竟附和叫好。

♌ 獅子座：唯有利他，才能讓自己的長處發揮

「獅子座主宰星為太陽，守護神為光明之神阿波羅。獅子座一直是叱吒風雲、捲起千堆雪的星座。個性唯我獨尊，自信也自我，只要有獅子座的地方，世界就繞著他們旋轉。他們是一個時代的英雄，具有強大的領導潛能，也有優越的人際手腕。獅子座的勇氣與膽識，可謂是十二星座強者中的強者，不只有與人對決的氣魄，更有與勁敵就近廝殺的拚搏，他們追求榮耀加冕的輝煌。」說完星座特質，獅子座學生大聲喊著「超準」。

「面對人生抉擇總是快狠準的獅子，需要多一點善待他人的同理，若能將幸福回贈給他人，獅子座將帶給身邊之人一種溫厚的王者之風。如果，你能擁有『老吾老，以及人之老；幼吾幼，以及人之幼』的胸懷，人心必然歸順，不只推廣各項事物能收到風行草偃之效，也能降低喜好與人爭鬥的負面形象。」獅子座學生若有所思地看著我。

「吳明益**《苦雨之地》**以六個短篇三個兩兩相關的故事探討未來世界人、動物、自然、土地之間的關係，讓聰慧的獅子座能解讀出『苦』可以因為雨少，也可以因為雨多的真諦。**《先別急著吃棉花糖》**提醒獅子座克制欲望、延遲享樂。**《人生，一點也不BLUE》**鼓勵愛笑的獅子座讓大家知道，他們不是沒煩惱，而是遇到了事情，陽光的獅

子總是願意選擇笑著面對，如此熱血奮鬥的獅子，真是令人喜歡呀！至於**《灰犀牛：危機就在眼前，為何我們選擇視而不見？》**提醒觀察敏銳的獅子不要只注意會重大衝擊生活的黑天鵝事件，也要小心存在生活中處處可見的灰犀牛的蹤影，積極採取行動，避免損失。」獅子座看來也知道：唯有利他，才能讓自己的長處發揮。

♐ 射手座：永遠沒有標準答案設限

「再怎麼老，還是保有天真的孩子氣，熱愛付出，喜歡熱鬧，典型的四海之內皆兄弟，認定的朋友，就會力挺到底，不管是非。同時，射手也是大家的開心果，他的世界只有朋友，沒有敵人，射手座的好奇心超強，是十二星座最容易獨自出走的浪遊者。射手座善於論辯，口才奇佳，因此，表現都很出類拔萃，而且對他人都很有影響力。像卡內基、霍爾、艾菲爾、馬克吐溫、史蒂芬史匹柏、胡適。」同學開始拍拍身邊射手座的同學，對他們比個讚。

「丹・布朗（Dan Brown）的**《起源》**讓讀者走進全新的密碼世界，讓求新求變的射手在解開密碼的同時，享受廢寢忘食的解謎喜悅。**《從痛苦到痛快》**是被譽為幽默教主寶爺作品，他告訴射手即使這個世界失去溫度，我們也不可以沒有態度。一如寶爺說的，人生有很多事情是不斷地在未知中探索，探索，再探索。對於一直擁有正能量的射手來說，寶爺的幽默逗趣絕對是他們信仰的人際之光。擅長說話的射手座如何用一句話激發幹勁、溫暖人心？如何讓自己更上一層樓？這年頭在社會走跳，你需要鍛鍊的是如何用一句話激發幹勁，溫暖人心不是『聊不停』和『超說服』，而是『體貼』的對話術。如何『見人說人話』？**《連卡內基也佩服的7堂超溫暖說話課》**山﨑拓巳分享用九個技巧深入、溫暖對方的心，成功建立良好的人我關係。阿飛**《開始，期待好日子》**則是提醒射手們：不必框住自己，不必追問自己『為什麼』，而是腳踏實地準備好，捲起袖子去打拚，人生沒有標準答案的設限，你會因為自己願意多『做什麼』而得到意想不到的成長。射手們，我們開始fighting吧！」

風象星座：柔軟中自有堅持

♊ 雙子座：停止抱怨，讓身邊的人喜歡自己

「雙子座性格千變萬化，超凡的想像力，讓他時而熱情，時而冷淡。只要真正融入

到雙子的世界，你才會發現：雙子的生活與思想都是豐富多彩，只要有他的地方，就會有琅琅笑聲，相處的時光，充滿樂趣與創意。雙子座主宰星為水星，守護神為傳遞知識訊息的墨丘利。雙子座洞悉情勢、善於溝通，但是過於善變，讓人捉摸不定而覺得浮誇不安。」雙子女眼神伶俐地望向我。

「雙子座對任何事情都有兩個標準，例如：我對你是喜歡的，所以任何事情都可以；我對你討厭的，所以任何事情都不可以。但是雙子的內心世界，也常常在喜歡與不喜歡之間跋涉，讓自己陷入左右為難的局面，心情難以穩定。」雙子男慧黠地笑了。

「老師建議渴望被支持的雙子座可閱讀**《療傷演算法》**，就能找到暖暖的支持。它說的是仿生機器人有人性，對人有情感之後，這個異想天開的高科技療傷工具，真能讓生前留下的遺憾，陪伴我們的至親至愛，度過獨處的寂寞時光，還是，他們也有找到幸福的可能？**《皇上吃什麼》**源自作者的好奇心而寫成的：乾隆是火鍋愛好者，最愛邀大家一起吃火鍋。清朝後宮嬪妃流行普洱茶膏做減肥消脂茶；皇后每次只能吃新鮮荔枝一個，多則處罰……這本書可是會讓雙子看了拍案叫絕的。川口俊和**《在回憶消逝之前》**讓愛幻想的雙子穿越時空，坐回咖啡館的某個位置，你就能想去自己想望的時間點。不過，你得付出代價，遵守麻煩的遊戲規則，無論你做了什麼，你都無力改變現實，你還想回去嗎？很容易受他人情緒影響的雙子，可以學習**《練習不抱怨》**教我們的方法，停止抱怨，讓身邊的人喜歡自己。書中提到：根據統計，每個人每天平均抱怨二十至七十次！說不完的抱怨，看不慣的人事，讓雙子處於負能量的糾葛，感覺厭世、浮躁、疲倦……練習正面思考，能讓雙子慢慢地尋回勇敢的自己。」學生很認真地拿起手機拍起書單。

♎ 天秤座：傾聽內心的聲音

「天秤座是講義氣、重朋友，內外都講求平衡的人。溫和的天秤通常都是陽光男、暖系女，他們不愛選邊站，更不喜歡衝突，對於被誤解，通常也是不想解釋，因為他們始終期待有人懂他的委屈，有人讚賞他的決定。天秤座把友情看得比愛人或親人重要，因而容易讓身邊的人感覺被忽略或是受傷。不懂得拒絕的天秤座，常常會陷入表錯情，說錯愛的多角戀中，天秤座滿像青鳥的形象，樂於分享善意，願意傳遞幸福的信息，不過，他們的真心不會只給一個人，常給人用情不專的錯覺。」我一說完，靦腆的天秤男，不自覺地點頭。

「連默認都能把頭點得那麼優雅，果然是天秤座。天秤座的你們守護神是美神維納斯，它代表著秩序、平衡和美。想聽聽老師建議天秤可以閱讀的四種書籍嗎？」現場的天秤座們正襟危坐了起來。

「你們善於溝通、樂於分享知識，常常扮演主導社會改革的角色，形象完美、強調自我品味的你們是相當有魅力的。例如：文學家魯迅、政治家甘地、哲學家尼采、藝能界的約翰．藍儂與金城武。」我舉名人為例，讓他們更認識自己星座的屬性。

「至於，如果要讓自己變得更厲害，可以閱讀Peter Su**《在顛沛流離的世界裡，你還有我啊》**，其論點根本擊中天秤座的暖心與自愛。天秤永遠帶著過去和現在的自己，踏上自選的未知旅程，即便揪心，也會傾聽內在的跫音，努力找到未來的答案。張曼娟即便到了中年，依然優雅、依然活得自在，在**《我輩中人》**的闡述，會讓天秤遇見中年的自己，原來天秤能老得自由自信、老得理直氣和，始終如一地保有睿智與慈悲。**《關係黑洞》**告訴你如何讓珍惜的關係，不再走向盡頭，也是探討安全感關係如何修復的情緒聖經。另外，**《為何我這麼努力，幸福卻那麼遠？》**發明一個快樂方程式：『幸福大於等於你對生活事件的感受及你對人生的期待』，讓讀者即便壓力爆表，運用公式，也能在生活中感覺到幸福。」我才說完，學生紛紛睜大眼睛，準備聽下去。

水瓶座：別被社會價值綁架

「被歸類為思考系的水瓶，在各個領域都能發揮出無盡的創造力，演繹完美的打破沙鍋問到底的形象，它的守護星是天王星，智慧之神烏拉諾斯有預知未來能力，因此被稱為天才星座。水瓶常有上知天文、下知地理的能力，做事客觀冷靜，忠於信念，勇敢求知，是個理想主義者。他們尊重自由、主張平等，是心胸寬大、愛好和平的星座。水瓶座喜歡思辨，做人有黑白之分，強大的理智有條不紊地把控自己的情緒，讓人嘖嘖稱奇。代表人物有李世民、武則天、愛迪生、莫札特、培根、狄更斯、林肯。」

水瓶座的孩子們靜靜地聽著。

「水瓶座天馬行空的創造力，真是讓人覺得非常有魅力，他們常常能引領時代潮流，語出驚人的魄力，更是吸引到很多人關注，水瓶座很常一夕爆紅，因此，他們很適合閱讀**《你可以不只是上班族》**，讓異想天開的水瓶從『上班族思維』升級『複業家思維』，透過務實的流程優化，把點子深化，不再只是空中樓閣的幻想，人人都可變身成功複業家。**《外掛人生》**斜槓大叔崴爺告訴水瓶：『斜槓，不是趕流行、是生存之必要！』費盡洪荒之力不是要和生存搏鬥，而是要下載外掛、生涯超車去，這符合水瓶求新求變的學習態度，讓強烈的危機感逼使年輕人衡量優勢、觀察趨勢、培養戰力，成為新時代佼佼者。陳郁如**《修煉IV：異種再現》**完全抓住水瓶樂於從故事奔馳想像力，打開邁向東方古老傳說的大門，上天下地，流轉陰陽五行之間，引爆思維小宇宙。**《覺醒的你》**讓水瓶能探索生命真相，改變自己與周遭世界的關係，活出無拘無束的特色，找到不被他人情緒勒索，不被社會價值綁架，既深刻豐富又充實理性的人生。希冀水瓶在閱讀中找到知性又平衡的自己。」當我說完，水瓶的眼神閃爍著智慧的光。

水象星座：家的守護者

♋ 巨蟹座：安靜內向也能是自己的優勢

「巨蟹座主宰星為月亮，守護神為狩獵女神黛安娜。巨蟹座是個喜歡出沒在有安全感地方的星座，也喜歡用慣性行事，因此你會在他常去的咖啡館看見他與老闆打成一片，甚至在某些書店當起無償的一日店長。他們需要強烈的、能被家人或朋友保護的安全感。巨蟹座的家庭意識深厚，也是十分念舊有愛的好爸爸、好媽媽星座。」說完後，我就看見巨蟹女溫柔的表情。

「巨蟹座有時候會因裹足不前，而失去爭取的自信，因為害羞對別人坦露自己的感覺，常常做出與自己想望背道而馳的事。如果巨蟹座有意識到自己心口不一的時候，就稍微調整一下，卸除防衛心、退縮閉塞的特質，勇敢說出自己的感受，你與家人或是朋友的互動會更親近，溝通也能更深入，讓你重新找到心的溫度，發掘他們對你滿滿的信任。愈忙碌就要愈耐得住性子，巨蟹才不會忙中有錯。你可以與自己信賴的人建立長期合作的關係，穩定和諧的相處，會讓你懂得放心與放手。」巨蟹男猛然地點頭，讓我有了被鼓勵的幸福。

「**《原則》**一書公開橋水屹立四十多年的答案，作者瑞．達利歐（Ray Dalio）認為，原則造就他事業的成功，對工作與人際關係的價值也很珍貴。最適合優柔寡斷的巨蟹座閱讀。喜歡懷舊古味的巨蟹座和臺灣日式建築的相遇，會是最美麗的邂逅。因此，

《臺灣日式建築紀行》可列為隨身攜帶、輕鬆閱讀的小品。**《那些電影教我的事》**水七、水某精選一百二十部經典好電影，讓愛家的巨蟹座可以和家人一起看電影，一起思考活得幸福又該設下底線的事。**《安靜是種超能力》**不是一本要內向的你變外向的書，而是讓安靜內向的巨蟹座發掘自己的優點、勝任需要行銷社交的工作，破解一般人對內向巨蟹座的既定印象。」說完後，發現巨蟹座認真勤奮地做著演講筆記。

♏ 天蠍座：偶爾脆弱、依靠他人也是沒關係的

「接下來，我要談……天蠍座。天蠍座凡事都分得清清楚楚，不愛占人便宜，但你也別想在關係上想占上風。天蠍占有欲強，處事獨斷，說話偶會毒辣，討厭虛偽的人際關係。他們的世界很難有人能真正走進去，因為蠍子天生就不喜歡依靠別人，是超級驕傲的星座。他們的自尊心很強，很愛硬撐，即使面對一百個委屈，都習慣一人扛。如果你可以被天蠍座信任，甚至能看見他的眼淚，請你不可以拋棄他，否則這個傷口將永遠都無法癒合。如果你讓天蠍座第一眼就討厭，就注定你們一生無緣，別再主動討好，否則你將會被潑一大桶冷水，冷澈心扉。」台下的學生聽到都笑了。

「美國《財星雜誌》指出，美國四十歲以下的新銳富豪，有四分之一集中於摩羯座和天蠍座，摩羯座與天蠍座具備旺盛企圖心、成就感，也是最有錢的兩大星座。所以為了未來鋪路，盡量和天蠍當好朋友，鋪好人脈。」同學們都「哇」了一聲，一時間，摩羯與天蠍變得搶手起來。

「未來想變成真正的商業鉅子就要閱讀**《五秒法則》**，當你腦中有個想法，就在心中倒數5……4……3……2……1，衝，無論立下什麼目標，只要有高度行動力，各層面都能迅速達標。**《窮忙世代的翻身準則》**，則是以九條終極準則，讓在谷底的你，漂亮翻轉人生，找回對理想生活的熱情，對夢想追尋的動力，利用平凡創造勇氣與價值，讓你脫離魯蛇一族。龍應台**《天長地久》**是一本跨代凝視的親密讀本，她告訴天蠍人生有些事，就是不能蹉跎，一如自己放下一切，回家鄉陪伴失智的母親，從十九封信再次體會生命的信念，親身實踐對母親的感恩，同時也對下一代進行溫柔絮語的提醒。**《蜜蜂與遠雷》**則以鋼琴大賽為舞台，四位主角為首，描繪懷抱夢想、刻意練習的天才參賽者們譜寫音樂的青春群像，讓你讀出音韻與命運之間能說與不能說的祕密。」學生開始拿出筆記錄這些書名。

♓ 雙魚座：訓練自己享受內心的豐盈

「雙魚座是紀念美與愛的女神和祂的兒子所形成的星座。雙魚是因為有夢想才長大的星座，溫柔和善，敏感優柔，浪漫多情，是受人喜愛的天使，也是容易為了小事陷入情緒泥淖，過度杞人憂天的魔鬼。偶爾太過理想化而缺乏持續到底的熱情，雙魚是古老複雜的星座，也是十二星座之末，集合所有星座優缺點為一身，複雜又矛盾、感性又知性，重視心靈上的交流，對感情充滿憧憬。一如白居易、李清照、雨果、蕭邦、叔本華都是文學與音樂界無與倫比的藝術天才。

「雙魚座有強大的同情心沒錯，但常常被發好人卡，可就要『同情』自己，想想看是不是因為濫情而讓自己受了委屈？老僑在**《為何會拿好人卡？》**提醒：拿到好人卡不是你不夠努力，而是你給對方太多壓力！戀愛有遊戲規則，若不懂訣竅，戀情當然會不斷受挫。只靠夢想就能生存的雙魚座，是否想過夢想真能讓自己和身邊的人溫飽？暢銷作家吳若權**《人生，幾分熟？》**提醒浪漫雙魚：勇敢面對成熟人生的課題，才能真正長大。一如余秋雨說的：『成熟是一種明亮而不刺眼的光輝，一種圓潤而不逆耳的音響，一種不再需要對別人察言觀色的從容，一種終於停止向周圍申訴求告的大器。』是的，當別人踩著你的身體走上去時，即使含著淚水雙魚也該看透人生本質，毫不客氣地『硬』了起來。」我說完，雙魚的孩子豁然開朗地點頭了。

「**《上天自有安排，你只負責精采》**告訴雙魚：如果你不敢，就只能不甘！慕顏歌不只告訴我們善良要有底線，也告訴雙魚，不是世界太殘忍，而是雙魚太天真。上天何曾辜負過我們？不要把時間花在自怨自艾，勇敢逆襲才是王道，唯有不斷升級，才有機會許自己一個精采的人生。小野在**《生活越簡單，心靈越自由》**提到：極簡不僅限於整理收納，也是在整理的過程中，讓精神獲得愉悅與滿足。雙魚的作繭自縛，是否也能在不盲從、不跟風的自律中成熟，不攀附、不將就的情感中，學會斷捨離。從不花俏、不浪費、不迷戀、不堆積的訓練享受內心的豐盈、生活的簡單，或許才是雙魚最嚮往的人生模式。」看見雙魚展顏的神情，心情也開懷了。

土象星座：內心強悍又脆弱

♉ 金牛座：忍耐咖偶爾也要放過自己

「金牛座是十二星座中最『人不可貌相』的。金牛的外表給人趨於保守、務實、傳統的感覺，其實金牛緩慢而穩重的背後，卻是生氣勃勃、充滿生機的創意。金牛座基本上都是溫和而內斂的，懂得保有他人自尊與面子，不過如果有人不小心踩到他的黃金底線，就會看見金牛狂奔，用牛角刺中對方死穴，給對方有毀滅性的一擊。金牛座是典型慢熱型的星座，對家人一輩子守護、對情人一生等待、對朋友一生忠誠，為了這些在他心中有分量的人，金牛可是會認真工作、努力賺錢，讓他們都活在安全的堡壘中。」我一說完，靜默的金牛男，抬起頭認真望向我。

「主宰星是金星，守護神是職司愛與美的女神維納斯。金牛的生活雖比較重視物質層面，但是為朋友慷慨解囊，奉獻付出，他也是不落人後的慈善家。不只刻苦耐勞，更是典型寶寶心裡苦寶寶不說的忍耐咖，唯一要克服的是對於我執的鬆綁，否則容易陷入冥頑不靈、不知變通的僵局。」金牛女靦腆地笑了。

「至於，如果要想讓自己突破舊思維，找出跨越的契機，就可以閱讀何則文**《別讓世界定義你》**，讓你找到相似的人格特質——不畏失敗的頑強意志，用自己勇於做夢的力量翻轉人生。金牛座可以學習用全新的眼光，檢視自己目前的優劣勢，積極成為自己人生的策畫師。**《最棒的一年》**鼓勵金牛大可以貪心一點，勇敢一點，不需要縮減目標，而是找到足夠的動機和一套適合的運作方法，替自己預約一個嶄新的人生！**《人生勝利聖經》**讓金牛花最少時間、得到最大的效益，直接向『人生勝利組』取經，從身體、思想、內在開始改變，讓金牛走在健康與智慧平衡的路上，不只擁有物質的滿足，也汲取心靈的活水！另外**《你什麼時候懂得惜福，什麼時候開始幸福》**不只是一本美好的心靈勵志書，重新看待生活發生的每一件事，其實每次的相遇，都是上天最好的安排，只要用心去尋找幸福，你都可以掌握幸福。」學生開始聚精會神地看著我。

♍ 處女座：偶爾改變日常習慣，讓自己脫胎呼吸

「處女座主宰星為水星，守護神為職司智慧與正義女神雅典娜。處女座表面看起來冷靜又冷漠，對於人的性情判斷精準，不過太困於追求完美的性格，讓他在失序、失

控的環境，容易出現喋喋不休的情狀。處女和雙子一樣有善變的特質，不過雙子變的是心思，處女變的是情緒。心情灰濛的時候，處女是那種會突然神隱，讓人找不到的星座。如果狀況更不好的時候，他愈愛誰，就躲誰愈遠。處女的被動是可以很久不和任何人聯絡的獨善其身。他們可以用忙碌當作逃避的藉口，但是心裡的缺口還是讓他覺得孤單、寂寞、冷。就像伍佰唱的：『學會對妳很冷漠，為何學不會將愛沒收。』處女明明愛到快發瘋了，在意到心都揪了，還能冷靜地裝作若無其事。」我一口氣把對處女座的觀感一次說完。

「處女座這一生都是在找安心、安全、安定、安康、安頓的星座，若能常常讓燦爛陽光照耀陰鬱的生活，必能一掃陰霾，大展笑顏。老師提供四本書，讓處女座平平安安地看見自己的小幸運。**《有型的豬小姐》**李維菁細膩地寫下人生躲不開的原生疏離與無聲的社會暴力，作家天真世故又清醒犀利的文字，像極處女座給人雙重性格的感覺。**《窗邊的小荳荳》**讓我發覺到處女座的心中，都住著一個天真爛漫的小荳荳，他們懂愛，願意用自信面對挫折，讓自己在愛與被愛、理解與被理解中慢慢長大，漸漸懂得同理與尊重他人。**《怕生，其實是優勢》**談到：約有六成的人都怕生，處女座的人細膩、敏銳、謹慎、善於傾聽、深思熟慮符合怕生的特質。這本書清楚告訴處女座：只要稍加調整和練習，你們就能擁有與眾不同又強大的力量！**《為什麼我們這樣生活，那樣工作？》**提醒處女座：只要提醒改變日常『習慣』，學會利用『習慣的力量』，就能讓人生與事業脫胎換骨，你常常只是困在一個習慣而已。」處女座的學生聽完，含蓄地向我微笑著。

♑ 摩羯座：提升內在修煉，才是勝出關鍵

「如果，摩羯願意把靈魂交給你保管，上刀山下油鍋都無所畏懼，他是最值得相交的朋友。一如**《朵朵解憂小語》**說的：『今天的你，因為昨天流過的淚而更堅強更美麗。至於明天，你會和另一些人另一些事相遇。』閱讀能讓摩羯擺脫暗黑，走向解憂陽光的人生。古典在**《躍遷》**給了摩羯很好的提醒：在這個機會更多、成功卻更難的時代，全心全意投入的努力不見得能得到好結果。想要達成『躍遷』，不能單憑努力、天分與機運，而是自己如何面對問題，憑藉社會和趨勢，提升內在、獲得勝出！**《別等到被欺負了才懂這些事》**解決摩羯的人際關係問題：衝突的根源在於沒找到與對方應

對、相處的方法。改變你的回應與聚焦點，就可以改變你們的關係。讓人際僵化的摩羯，能試著利用四大心理技巧、八型衝突人格實境對話，讓自己能在第一時間做好衝突管理，不用在價值的天堂與地獄間游走。**《努力多久才可以喊累》**讓心累了的摩羯，從艾莉寫的故事裡尋找解答。一如她說的：『當人生的滋味混雜了淚水的鹹度，會有一種剛剛好的甜味。』療癒的句子恰能擊中摩羯座，他知道自己始終如一的努力是對自己一生負責的承諾；即便被傷了又傷，都不要放棄樂觀的機會。」脆弱又強悍的摩羯似乎在這些書中得到了安慰與平反，學生堅定地點了點頭。

希望有一天，學生能體會到：某天，我讀了一本書，人生就有被改變的契機與奧義。與青少年溝通通常要繞個圈，找到對話途徑，就容易取得信任。從「星座×閱讀」主題切入，就能讓他們有意識地認識自己並認同與他人溝通的重要。透過閱讀重新審視生活的本質，覺察自己，拋下執著，使身心靈都能自由，我想：這才是星座閱讀系列議題最想帶給大家的成長與躍進。

怡慧老師「星座 × 閱讀」（十二）：自我覺察推薦書單

火象星座		
牡羊座	獅子座	射手座
偷書賊 馬格斯．朱薩克（Markus Zusak）｜木馬文化 **多魔坂神社的一千零一夜** 田丸雅智｜時報出版 **預知死亡紀事：馬奎斯自認最傑出的作品，首度正式授權繁體中文版！** 加布列．賈西亞．馬奎斯（Gabriel García Márquez）｜皇冠 **每一天，都是放手的練習：當我們能愛自己，就能準備好，付出愛與接受愛** 梅樂蒂．碧緹（Melody Beattie｜遠流	**苦雨之地** 吳明益｜新經典文化 **先別急著吃棉花糖** 喬辛．迪．波沙達（Joachim de Posada）、愛倫．辛格（Ellen Singer）｜方智 **人生，一點也不 BLUE** Ning :]｜悅知文化 **灰犀牛：危機就在眼前，爲何我們選擇視而不見？** 米歇爾．渥克（Michele Wucker）｜天下文化	**起源** 丹．布朗（Dan Brown）｜時報出版 **從痛苦到痛快** 梁嘉銘（寶爺）｜寶瓶文化 **連卡內基也佩服的 7 堂超溫暖說話課：爲何辯才無礙很吃虧？因爲要贏得感情，你得輸點道理！** 山﨑拓巳｜大樂文化 **開始，期待好日子** 阿飛｜悅知文化

風象星座		
雙子座	天秤座	水瓶座
療傷演算法 凱絲·杭特(Cass Hunter)｜臉譜 皇上吃什麼：歷史，是吃出來的，一起享用甄嬛的豬蹄、乾隆的火鍋、如懿的白菜豆腐、令貴妃的荔枝、慈禧的玫瑰餅，和溥儀的香檳 李舒｜聯經出版公司 回憶消逝之前 川口俊和｜悅知文化 練習不抱怨：我的 21 天不抱怨挑戰，選擇幸福的未來 克莉斯汀·勒維齊（Christine Lewicki）｜遠流	在顛沛流離的世界裡，你還有我啊 Peter Su｜布克文化 我輩中人：寫給中年人的情書 張曼娟｜天下文化 關係黑洞：面對侵蝕關係的不安全感，我們該如何救贖自己？ 周慕姿｜商周出版 爲何我這麼努力，幸福卻那麼遠？：Google X 商務長的 6-7-5 法則，找回幸福眞義，內心不再空虛 莫·加多（Mo Gawdat）｜三采	你可以不只是上班族：斜槓創業，複業多賺多自由的 27 天行動計畫 克里斯·古利博（Chris Guillebeau）｜大塊文化 外掛人生：多重身分讓你不怕風口換位 崴爺｜三采 修煉 IV：異種再現 陳郁如｜小兵 覺醒的你：暢銷百萬，歐普拉的床頭靈修書 麥克·辛格（Michael A. Singer）｜方智

水象星座		
巨蟹座	天蠍座	雙魚座
原則：生活和工作 瑞．達利歐（Ray Dalio）｜商業周刊 臺灣日式建築紀行 渡邉義孝｜時報出版 那些電影教我的事：把那些最好和最壞的時光全部加起來，就是我們的人生。 水尢／水某｜商周出版 安靜是種超能力：寫給內向者的職場進擊指南，話不多，但大家都會聽你說 張瀞仁｜方舟文化	五秒法則：倒數 54321，衝了！全球百萬人實證的高效行動法，根治惰性，改變人生 梅爾．羅賓斯（Mel Robbins）｜采實文化 窮忙世代的翻身準則 艾兒莎（Elsa）｜方智 天長地久：給美君的信 龍應台｜天下雜誌 蜜蜂與遠雷 恩田陸｜圓神	爲何會拿好人卡？：老僑的七堂戀愛管理課，翻轉你自以爲是的愛情觀！ 張國洋（老僑）｜時報出版 人生，幾分熟？：成爲理想中的自己，吳若權的大人學 吳若權｜遠流 上天自有安排，你只負責精采：生命沒有滿血復活的外掛，只有不斷升級的結果！《你的善良必須有點鋒芒》年度暢銷名家教你逆襲人生的60個通關密語！ 慕顏歌｜平安文化 生活越簡單，心靈越自由 小野｜高寶

土象星座		
金牛座	處女座	摩羯座
別讓世界定義你：用 5 個新眼光開始企畫屬於你的勝利人生 何則文｜遠流 最棒的一年：5 個步驟，100% 實現目標，讓計畫不再是空話 麥可・海亞特（Michael Hyatt）｜遠流 人生勝利聖經：向 100 位世界強者學習健康、財富和人生智慧 提摩西・費里斯（Timothy Ferriss）｜三采 你什麼時候懂得惜福，什麼時候開始幸福：用心尋找幸福、發現美好的生活法則 胡凱恩｜曼尼文化	有型的豬小姐 李維菁｜新經典文化 窗邊的小荳荳 黑柳徹子｜親子天下 怕生，其實是優勢 清水榮司｜方智 爲什麼我們這樣生活，那樣工作？ 查爾斯・杜希格（Charles Duhigg）｜大塊文化	朵朵解憂小語：從今以後，要讓自己好好的 朵朵｜皇冠 躍遷：「羅輯思維」最受歡迎的知識大神教你在迷茫時代翻轉人生的 5 大生存法則！ 古典｜平安文化 別等到被欺負了才懂這些事：第一時間就做好衝突管理 比爾・艾迪（Bill Eddy）、喬姬・蒂斯達夫諾（L. Georgi DiStefano）｜天下文化 努力多久才可以喊累 艾莉｜悅知文化

不愛讀書，不是你的錯——大人逼我讀我不愛的書怎麼辦？

老師，我不懂自己到底適合閱讀哪一類型的書？

學校圖書館的書籍那麼多，哪一本是我的最愛？

老師，大人推薦的書和我的人生、未來有什麼關係？

大人推薦的書籍，好像都不太適合我們，大人真的懂我們的需要與喜好嗎？

為學生選書一直是推動青少年閱讀最棘手的事。

培養學生熱愛閱讀，比談實用閱讀與功能閱讀重要多了，興趣閱讀是學生進入閱讀世界一座重要的橋梁。

青少年討厭大人說教，更不喜歡你列出一大堆好書清單給他。他們爭取的是「自主選書」的權利。但是他們又常回老師或父母一句率性的話：我不會選書，因為我不知道要讀什麼？什麼書是好書？

面對這個「可怕的」問題，該如何適切地回答？選書是要從了解對方的喜好、特質才有機會推薦成功的。每個書單都是私密客製化的，必須從有趣的娛樂性、有用的精進性兩大方面去擬定。

身為喜書愛閱者，原本無意跨界到星座學的領域。但是，星座是青少年普遍喜歡的話題，它像生活日常的溝通術，讓自己了解已知與未知的特質，進而了解自己。

因此，當我開始用星座與性格分類學生，試著誘導學生從談星座、人格，進行理解他的閱讀起始行為，以「讀書、讀人、讀世界」為主軸，從星座閱讀認識星座名人與書寫的類型，慢慢從理性與感性的左、右腦調和書單，列出較貼近學生喜愛的閱讀清單。

每每與中學生談閱讀，從星座話題切入，總能快意自在、暢談無礙，甚至有機會認識「冰山」以下的他們，及其幽微難懂的情緒。

「老師，你好懂我們牡羊座，心直口快啦！我們無意傷害別人。」學生單純地說。

「不過內斂的金牛座，被人傷到的時候，嘴裡不說，卻會內傷很久，苦悶不已。」我理性地回答。

「真的，我常常被她的話氣到睡不著，隔天又被她的熱情融化到原諒了她。」這兩個女孩，一個牡羊座、一個金牛座，真是天壤之別的性情，卻因相互欣賞、理解而成為莫逆之交。

星座話題讓他們卸下心防，侃侃而談交友情感、人生觀、生活模式等……我自己觀察，相同星座喜歡的書籍類型大致相仿，若再細分思考模式，以左、右腦做為選書的分水嶺，分類與說明羅列如下：

左腦：被稱為「知性腦」、「說話的腦」，這類型的人習慣用邏輯、分析抽象事物。處理事情善於歸納、組織，地景空間方向感強。左腦型通常對於判斷各種關係和因果、統計都較為擅長。

右腦：被稱為「藝術腦」、「沉默的腦」，這類型的人習慣用符號、圖像，善用五感（視、聽、嗅、觸、味五覺）覺察外界環境，想像力較強、創造性高，屬於直覺型結論者。

讓學生理解在生活中，每個人的思考、行為模式，都來自大腦的思考方式不同。從閱讀文本到了解一個人的人格特質，進而體會到不同星座的相處模式，調整彼此的互動關係。

根據星座不同特質與左右腦模式出發，選出接近孩子閱讀喜好、思考模式的書籍。從一本書出發，星座閱讀是孩子邁向閱讀的第一個叩門磚，這個躍進讓他們未來再繼續發展出具有生命情懷的閱讀地圖。

火象星座：找到閱讀的姿態

♈ 牡羊座閱讀物語：乘著閱讀夢想的羽翼翱翔

牡羊座閱讀宣言：與世界連線，找到實現夢想的超能力

牡羊座熱愛自由，坦白率真，做事積極熱情、勇於嘗試，擁有冒險精神。具備企圖心和明快決斷力的牡羊座，一旦確定目標後，就會全力以赴。

牡羊右腦：

《格林、安徒生童話》蒐羅童話中正義、善良、勇氣、智慧、愛等元素，讓對世界充滿熱力的牡羊座能悠游想像世紀，找回赤子童心。記住最真實又最純美的自己，輕鬆展現牡羊活潑奔放的個人特質。

三毛**《撒哈拉的故事》**從漫天黃沙綿延而來的情事，不只有趣味盎然的人情體悟，也鼓勵了牡羊座循著自己的浪漫性情，勇敢出走舒適圈，有計畫地嘗試新生活，並在新生活中找到自己的創意與探究生命的熱情，活出牡羊座樂於分享、主動出擊的生命情韻。

牡羊左腦：

黃崑巖**《給青年學生的十封信》**從不同面向給予理性思考卻容易衝動行事的牡羊座，期待他們以不同的策略與面向去思考。不只能讓你們從「大膽假設，小心求證」的提醒中，找到為自己向前衝的動力與支持，也能讓你從書信中找到見字如晤的諄諄提醒。

林怡辰**《從讀到寫，林怡辰的閱讀教育》**鼓勵有衝勁的牡羊座，面對失敗時，可以學習怡辰老師的生命情韻，即便自身成長過程不順遂，願意回到內在的力量，找出奮進的勇氣，透過閱讀翻轉人生，從逆境找路、勇往直前。

♌ 獅子座閱讀物語：閱讀找到自己的定位與姿態

獅子座閱讀宣言：站在巨人的肩膀上，找到世界地圖的位置

獅子座天生就是站在高崗上的明星，喜歡刷存在感，享受別人生命不能沒有他們的感覺。有時，過於迷戀虛華的掌聲，反而會讓獅子陷入迷霧而無法看清自己。

獅子右腦：

辻村深月**《鏡之孤城》**發出七彩光芒又不可思議的「鏡子」，辻村深月寫出「恐學者」的困境與徬徨。穿越時空的鏡子，改變七個拒學的中學生，在虛幻的城堡，他們展開尋找實現願望的鑰匙，歷經背叛、和解；因誤會而疏離，因理解而回歸的成長探索歷程。

張惠菁**《比霧更深的地方》**雖說是一本寫給身處迷霧世代的書，但作者仍關注「時間」對生存狀態的影響，以極具人文的觀點解讀自己對世界的看法。在一無所有的時候，你才有機會體會到不覺迷途為花開的人生風景。當你自願走進比霧更深的地方回望：發現不斷改變的自己，讓你學會用什麼態度來面對你的家鄉跟更大的世界。

獅子左腦：

《這些人，那些事》全台灣最會說故事的國民作家吳念真，他寫的每個故事，蘊藏強大的生命能量，帶給我們心靈的relax，很多事原來你早已不恨了，因為你懂得包容；原來，你早已不愛了，因為你願意放下。歷經風風雨雨與低潮，笑淚交織之間，有些人、有些事無可取代地成為心底的一抹風景，也可能是一個時代的縮影……。

喬恩·阿考夫（Jon Acuff）在**《完成》**提醒我們：開始很重要，但不是最重要。完成目標，你就能勝過92%的人！或許，事前你有過縝密地規劃，卻常常半途而廢，過程不斷提醒自己要堅持，最後被失望沮喪的情緒包圍，結果只能放棄。原來只要遵循作者提到的幾個簡單的原則，調整心態，重新設定目標，就能克服不了了之的毛病，體會到美好人生來自完成自己在乎的事！

♐ 射手座閱讀物語：心有靈犀的愛戀交會在文字的光亮處

射手座閱讀宣言：閱讀許我談情說愛的機會

射手追求自由自在的靈魂，一如悠遊在廣袤大海中，就擁有汪洋全世界的光與熱。

不要在射手身邊嘮叨，他們是會無情地轉身就走，不再是你平日眼中樂觀優雅的開心果。

射手右腦：

楊富閔**《花甲男孩》**會讓人驀然理解為何你一直沒有「轉大人」的原因。楊富閔的小說讓我們好好靜下心思念父母或祖父母，走進他們的異想世界，你可以選擇成熟的看待他們的選擇，也可以幼稚地長不大，把思念留在過去，回憶框在心底。即便是面對死亡如此悲傷難抑的事，你還是會有感於與作者相同「有家可歸、有棺可扶」的內在情感……

王藍**《藍與黑》**引領我們穿越時空，走進抗戰初年的場景，歷經國共戰爭，直至國民政府遷台，讀者彷彿走過從天津、北平、重慶、上海到臺灣，行旅在舊時代男女可歌可泣的愛情與戰爭無情無奈的現實。陌生的時代被文字保留下來，因為《藍與黑》我們見證烽火連三月的時代愁苦，佢人相遇又別離，聚散依依的情節。小說果真能抵抗遺忘的記憶，收藏每個時代美好的情韻。

射手左腦：

葛瑞琴・魯賓（Gretchen Rubin）**《過得還不錯的一年：我的快樂生活提案》**讓深陷一團混亂、不開心的射手，找到方法解套，就是著手書寫「快樂生活提案」。一如作者很認真花一年時間，投入有趣的快樂生活實驗，最後成功的結局，似乎也鼓舞深陷痛苦情緒的我們，可以利用列單的方法，找到屬於自己單純的幸福與快樂。

《寧與高手爭高下，不與傻瓜論短》論述犀利，用語到位，說理一點都不含糊。老楊的貓頭鷹說：「別和壞人比壞，壞是沒有下限的；別和傻瓜比傻，傻是會傳染的。」他要我們面對問題，醒醒腦，不要拘泥在無謂的小事上，他讓你找回懷疑、思辨的能力，在無聊的爭辯中全身而退，對他人無理的挑釁一笑置之。

風象星座：與書為友滿天下

♊ 雙子座閱讀物語：閱讀給我溫暖慈悲的眼神

雙子座閱讀宣言：爲人生問號，留一本書的空間來對話

雙子座多才多藝、八面玲瓏，做事隨機應變、善於交際，擁有強大的溝通力。風趣幽默及適應力強的雙子座，喜歡忙碌和變化，具有寫作和語言的天分。

雙子右腦：

川端康成**《古都》**表現日本傳統物哀、風雅、幽玄的獨特美學，搭襯日本傳統祭典呈現拘謹的心理思維與意識，探討迎接現代化與保留傳統之間的選擇，是否需要留個疑問給自己，這就是雙子座喜歡的小說類型。

楊牧精譯葉慈重要詩作近八十首，編成**《葉慈詩選》**，擁有語言天分的雙子能在附以原文對照下，進行深度閱讀。詩人葉慈縈繞愛爾蘭風情的意境，讓充滿愛與美的雙子座找到相似的情懷。

雙子左腦：

《福爾摩斯探案全集》橫跨百年時空，從英倫風靡到全球，是歷久不衰的推理經典。而福爾摩斯更是柯南道爾（Arthur Conan Doyle）締造而出的偵探英雄，他把雙子座敏捷、善思、聰慧、自由的天性，透過推理辦案的情節栩栩如生地呈現在讀者面前。

《醫道同源：當老莊遇見黃帝內經》蔡璧名教授以深入淺出的文字為雙子解說醫道經典《黃帝內經》的奧祕，運用道家與醫家的智慧，讓雙子尋找人生與心靈的答案！讓生活陷入糾結的雙子找到一套簡單的方法，把好氣色、好心情、好身體，一次統統找回來。

♎

天秤座閱讀物語：曖曖內含光，愛書、愛人、愛世界

天秤座閱讀宣言：與書爲友，相交滿天下

你無法抵抗天秤座的魅力，他們永遠是那麼優雅迷人，讓人覺得心曠神怡，不過天秤座的沒有底線也常讓你的原則不斷被打破而快抓狂吧！

天秤右腦：

呂世浩**《秦始皇：一場歷史的思辨之旅》**翻轉我們以填鴨模式學歷史的壞印象，教會讀者用思辨的方式去看待史料。「讀歷史就是要以過去為鏡，讓死背的知識能運用在解決現在真實生活的問題上。」作者要讀者從閱讀過往的事件中，替自己未來可能遇到

的事情做出合理及系統的決定，能把知識活用果真顛覆歷史給人的舊形象。

東野圭吾**《解憂雜貨店》**內容懸疑卻溫暖，讓走投無路的搶匪以時空穿越的方式，回到三十多年前的浪矢雜貨店，展開替人回信解憂的生活。五個看似獨立成篇的短篇小說把披頭四到日本、萬國博覽會、石油危機、抵制莫斯科奧運、日本泡沫經濟，橫跨三十多年的五大日本時事貫穿其中，寫出人情的掙扎、善惡的抉擇，找到生命平衡的價值。

天秤左腦：

《21世紀的21堂課》不是一本短時間容易讀完的書，卻可用時光沉澱醞釀、慢慢咀嚼，它是關於全球視野與議題的入門好書。作者哈拉瑞（Harari）說：「在一個資訊滿滿卻多半無用的世界上，清楚易懂的見解，就成了一種力量。」許多看來不相涉的議題，其實是牽一髮動全身，息息相關的鏈結。

米蘭·昆德拉（Milan Kundera）**《生命中不能承受之輕》**看似描寫托馬斯與特麗莎、薩麗娜之間一男兩女間的三角戀，抽絲剝繭地閱讀，你會發現它是一部哲理小說，不只與你討論「永恆輪迴」，也讓你思考生命中輕與重、靈與肉的比重與選擇。

水瓶座閱讀物語：我思故我在

水瓶座閱讀宣言：與先知促膝長談，找到生命智慧之光

充滿知性思維又具有前瞻思考的水瓶座，很少流於小情小愛的羈絆。強大的求知欲讓他展現冒險犯難的另一面。同時，獨立自主的水瓶座會散發一種獨來獨往的迷人魅力。

水瓶右腦：

《11元的鐵道旅行》無論世界如何運轉，劉克襄總是隨性地停下來，以緩慢的生活節奏，找到你看不見的美好，發現你無法閱覽的迷人。看似喧譁旅驛，跟著他的文字遠離擾攘塵囂，即便在無人的寂寞車站，被孤獨靜靜包圍的水瓶，還是能找到心靈的停靠站。讓鐵道周遭看似微不足道的小景小物，帶著我們體會大山大海之外，另一種生命的靜謐與愉悅吧！

水瓶左腦：

燕尾蕨《**複製美好的活法**》建議水瓶可從生活、心情、命運全面著手，誠實面對自己，開啟人生的美好模式，你會發現找到一套放下過去，擺脫負面，一掃陰霾，自信地、有恃無恐地活出屬於自己的繽紛，找到自在自適的生活模式。

看見大越俊夫《**20幾歲就定位**》的書封寫著：「看不到結果還繼續努力，才是真勇氣內心竄起莫名的熱血沸騰。」或許一分耕耘不會有一分收獲，但是你甘心被脆弱與膽怯打敗嗎？永不放棄比努力更重要，讓你身居劣勢，卻可以發現扭轉翻身的契機，走到最後關頭，你才會發現命運之神正眷顧著你，從未遺棄過你。

水象星座：找到生命的出口

♋ 巨蟹座閱讀物語：閱讀找到創新應變力

巨蟹座閱讀宣言：閱讀讓我輕鬆地走自己的路

巨蟹座細心又暖心，願意主動關心或照顧身邊的人。不過，很愛演內心戲的巨蟹，常被認為難搞，其實他們是愛你在心口難開的類型，巨蟹座是願意主動給愛的小甜心。

巨蟹右腦：

朱薩克**《克雷的橋》**，讓漂泊在海之角、天之涯的伊人，以思念串綴回家的足跡。原來孤注一擲的選擇，是克雷一家人同心齊走的無悔旅程。最終，我們讀懂終結悲劇的是擁抱慈悲的胸襟。一如電影《與神同行2：最終審判》說的：「當你埋怨、憤怒，無法理解時，就把一切倒過來想想。」驚歎馬格斯．朱薩克突破創作的繭，以溫暖佐微笑的文字，篩去歲月傷痛與遺憾，帶來細細微微，家人之情飄落的愛之跫音。

《風箏落不下來》是陳繁齊以抒發原始自我心境的文體，以詩為名，再一次和讀者幸福地對話。他擅長鉅細靡遺地描寫遺生活細節，留下認真走過創作時光的美麗印記。一如〈距離〉：「當你已經跟不上一個人事物的節奏時，就會覺得遙遠。」撫慰許多善感的靈魂，讓我們獲得久違的安靜。

巨蟹左腦：

《頓悟！：全球首席心理成長大師教你如何活得漂亮的15堂心靈修煉課》是一本最速效的自我潛能開發書，令人撥開迷霧，恍然「頓悟」。提姆．歐文（Tim Irvin）給出十五個自我強大的實踐方法，映照我們內心的黑暗面，讓我們掙脫束縛，找回單純的初衷、簡單的自己。

顏擇雅**《向康德學習請客吃飯》**剛看書名時，以為吃飯也要學習，殊不知這本書讀完會讓你腦洞大開。第一輯猶如小品文，用詞典麗讀來輕鬆有感。第二輯談讀者與出版者之間微妙又緊密的鏈結，觀察精準、論述鞭辟入裡。最後，第三輯最為精采，顏擇雅以專業比較文學的筆鋒，讀起來過癮又收穫滿滿。

♏ 天蠍座閱讀物語：書籍本身就是一個生命的出口

天蠍座閱讀宣言：閱讀是終身的承諾

高貴又高傲的天蠍座，總有用不完的精力，做著讓你驚奇又感動的事。別只看到他們外表的深沉就嚇到，走進他們的內心，其實天蠍是愛得最專情又溫暖的好咖。

天蠍右腦：

朱永祥**《沒有答案的旅程》**告訴讀者，自己為何會把國際志工當作自己的人生志業。捲起袖子服務他人其實是安頓自己的內心，當你願意給予他人愈多，自己相形獲得愈多內在力量，也就愈強大。只要踏出去，我們都可以是施比受更有福的實踐者。

簡媜**《誰在銀閃閃的地方，等你》**不只在談「老病死」的旅程，也在談如何在未來協助自己的家人親友甚至自己，找到「在漫長黑暗的隧道中，盡頭會有個銀閃閃的發亮之物，那可能是個溫暖、充滿平安的地方。」年輕如夏花燦爛的讀者，或許能從中能體會「生是偶然，老是自然，病是突然，死是必然」的道理，若生值得珍惜，老病死也要同等慎重待之呀！

天蠍左腦：

作者王瀟以抒情婉轉的文筆，寫下實用又激勵人心的時間工具書。**《時間看得見》**作者只用一本手帳，讓被記錄下來的一年，轉化成思考的起點。讀者從八條人生路徑的具體步驟，找到參悟人生之「道」，實現夢想之「術」。人生當然可以計畫，夢想也可能實現，你把時間拿來做什麼，生活就變成什麼模樣，這就是「時間的力量」。

當我們把九〇後當成厭世代、青貧族時，**《漂流青年：1990後出生的我們×一件襯衫》**五個職人故事和一個固執的靈魂，讓你知道現在的年輕世代真的和你想像的不一樣。當黃山料斬釘截鐵地告訴你：「工作，是你學會了『好好生活』。」九〇後的他們以頑強又獨創的姿態，精采地活出年輕又熱忱的人生。

♓ 雙魚座閱讀物語：書本像鏡子映照自己

雙魚座閱讀宣言：爲更好的自己好好閱讀

雙魚座纖細敏感，多愁易感的情緒，動不動就流淚，動不動就說愛你的心，可是雙魚座可愛又純真的地方。別以為雙魚什麼都不懂，其實他們是因為包容而用沉默來概括他的喜悲。

雙魚右腦：

蘇乙笙被稱譽為最會訴說浪漫情話的作家。**《你是時光最浪漫的解藥》**讓讀者知道：生命少了重要的人，一切都變味了，花不再幽香，水不再潺流。這本書讓你相信，這個世界上，有人願意為你遮炎避涼，願意用一生等待你燦開的剎那。

《請帶我穿越這片海洋》以難民遭遇的議題，談當恐懼、飢餓、死亡襲捲而來，你相信：勇敢活下去的理由是有人願意為他們的生命提盞燈？跳脫過往教科書教條的框架，你才有機會真正貼近地球村的社會，想像與土地問題：當你不再對環境冷漠，就有機會改變社會，快從捲起自己的袖子、揮汗付出開始做起。

雙魚左腦：

辛達塔・穆克吉醫師（Siddhartha Mukherjee）**《基因：人類最親密的歷史》**以故事描繪的手法來陳述「基因」的發展史，連電影《羅根》都取材自他的資料。他以一場感傷的家族探病之旅為始，讓我們發現看不見的密碼，如何牽扯我們的生活；有多少科學家在破解遺傳基因之謎之際，讓人類愈接近生命的真相。人類取代上帝，打造完美基因的「後人類時代」，會是人類偉大的冒險，還是浩劫？**《基因》**將告訴你真正的答案。

《泡麵為什麼總是彎的？：136個廚房裡的科學謎題》作者羅伯特・沃克（Robert L. Wolke）是位了不起的化學教授，充滿幽默與趣味的方式，席捲讀者對科學閱讀的美好感知。他以廚房為主題，讓讀者理解烹飪不只是一門專業的科學，也是生活藝術的美學。

土象星座：泅泳書籍的大海

♉

金牛座閱讀物語：噢，你也在這裡？

金牛座閱讀宣言：沒有理由、純然地喜歡閱讀的樂趣

金牛座腳踏實地，耐性十足，做事縝密細心、堅持到底，擁有藝術天分。具備耐心及責任感的金牛座，生活規律、擇善固執，具有商業頭腦。

金牛右腦：

洛夫：「真我，是一個詩人唯一追求的目標。」身為金牛座的洛夫對寫詩的執著與認真的態度值得金牛的同好學習，從**《如此歲月》**的詩集，也能啜飲詩句美感的純釀，在「慢慢」的歷程中體會：一生只做一件事的單純與快樂。

《This is 達利》鼓勵重視直覺的金牛座認識薩爾瓦多．達利，他是世界上極受歡迎的藝術家，超現實主義的風格，奢華的生活方式，直指金牛右腦的相似生活觀，從中映照自己的正確人生態度。

金牛左腦：

約翰．克爾（John Kerr）的**《危險療程：心理學大師榮格、佛洛伊德，與她的故事》**，讓金牛在這起「學術界三角關係」的動人故事中，找到薩賓娜對精神分析發展的實質貢獻。哲學思辨的人物故事最適合願用理性與耐心去閱讀的金牛了。

金牛座擅長在哲學領域展現自己的思辨力，從同為哲學家的康德也是金牛座可類推。赫拉巴爾（Bohumil Hrabal）**《過於喧囂的孤獨》**輕鬆的文字書寫勾勒捷克小人物生活的真實氣味，讓人尋找到知識雋永的價值。

♍

處女座閱讀物語：眞理的大海，沒有盡頭

處女座閱讀宣言：突破生命的侷限，提高人生思辨的層次

處女座善於判斷、恪守本分，是個中規中矩的星座。處女座是會讓人歡喜、讓人憂的星座。你會愛上他們的獨特又自律，你也會煩心他的自我設限與小規矩。

處女右腦：

因為母親的離去，小野漸漸看清楚許多事情的真相，**《有些事，這些年我才懂》**七個人生問答題，讓你看盡人情冷暖、世事難料。面對每一階段人生，你都無法預知未來，只能勇敢地向前衝！它讓有夢想的人，築夢踏實；它讓氣餒的人，看見有人慷慨提燈的慈悲。

《在天堂遇見的五個人》米奇．艾爾邦（Mitch Albom）一開始先敘述艾迪死前一個鐘頭的事，將之後在天堂遇見的五個人順利銜接，也教會我們人生五個需要學習的課題。每個人的生命都會相互影響，即便互不相識，猶如蝴蝶效應，都是環環相扣的緣

分。相遇之後的分離，分離後的重逢，一如失去其實是獲得，它讓你再次思考生與死，學會生命的意義。

處女左腦：

丹・米爾曼（Dan Millman）**《深夜加油站遇見蘇格拉底》**和老子「道，可道，非常道；名，可名，非常名」傳達哲思很接近，人生沒有什麼是恆常絕對的，當你從不同角度去理解，生命就會有不同的答案。它是一本讓人年輕人愛不釋手的半自傳體小說，不同世代的青春生命，因為它溫柔地陪伴，而能勇敢走上自己專屬的旅程，勇敢做自己！

《厭世講堂：顛覆人生的十堂莊子課》厭世哲學家以顛覆人生的十堂莊子課，讓你知道：你該用什麼定義自己？厭世講堂讓你學會用簡單方法、技巧和捷徑，跟著《莊子》走一趟思想之旅，就能順利地從絕境中脫困，不只不厭世，還能讓你脫離現實競逐，保有自己真正的價值。

♑ 摩羯座閱讀物語：閱讀是最浪漫的事

摩羯座閱讀宣言：閱讀能獨享心靈富足，投資快樂人生

被稱為候補第一人的摩羯座，總是在等上場的機會。只要機會具足，摩羯座就會強勢崛起，他們是那麼低調客氣又有實力的人，性格的堅毅自律讓他們是能堅持到最後的成功者。

摩羯右腦：

喬一**《我不喜歡這世界，我只喜歡你》**說的是：當巨蟹女的喬一遇上摩羯男F君——在感情世界繞了一圈的她，多年後，男主角一句「我只喜歡你」，點出一直站在原地等情人回頭的傻瓜F君才是此生真愛。生活在善變世界的女主角，遇見深情的摩羯座男主角，兩人終於可以一起笑看春夏秋冬，越過天顛水湄，互給永遠。

哈波．李（Harper Lee）**《梅岡城故事》**是一本美國中學生必讀的小說，也是讀者重讀次數最多的文學作品，它到底有什麼魅力？可以讓四千萬人為之風靡。一九三〇年代的美國南方，一個種植棉花田的慵懶休閒小鎮，出現一個嚴肅的種族與人權的問

題。透過一位六歲小女孩與律師父親阿提克斯真實的生活與真誠的對話，小說顛覆何謂公平正義、何謂人權法治。保守的時代和我們所想像民主自由的美國，存在的差異從小說中有了不同的心領神會。

摩羯左腦：

許皓宜**《情緒寄生》**要讀者剪掉寄生，為「愛」找到適當的距離。其實，我們看待世界的眼光，常常是心裡情緒基調的投射。當我們被矛盾糾結的執迷困住時，就會做出防衛，唯有透過內在自我覺察與外在相互理解的可能性，才能安頓悽悽惶惶的情緒，讓你做出正確的生命選擇。

《薩提爾的對話練習》是李崇建帶著讀者進入薩提爾的世界，開啟自己與他人的深刻對話的一本練習簿。作者讓讀者掌握冰山對話的精神及方法，讓我們可以遵循冰山的脈絡，改善人際關係並了解自己的內在，也讓冰山以下的情緒也就是人的內在，包括感受、期待、渴望與自我，都能得到梳理。

如果我們能從學生的閱讀能力、喜好出發，善用星座與左右腦探詢自我人格特質的方式開啟適性書單的扉頁，相信每個學生都能愛上閱讀、喜歡閱讀。

此生，我們透過閱讀認識自己、喜歡自己、超越自己。文字的慰藉，讓自己由內傾聽內在的鼓音，往外探望見世界的繽紛多彩。

一如紀伯倫說的：

任何人能夠給你的啟發，
其實都已經在你知識的曙光中半睡半醒。
老師漫步在神殿的暗影中，
走在門徒之間，
他們奉獻的不是智慧，而是信念與愛心。
若他確實睿智，就不會吩咐你進入他的智慧之屋，
而是引導你跨越自己心靈的門檻。

怡慧老師「星座 × 閱讀」(十三)：閱讀入門推薦書單

火象星座		
牡羊座	獅子座	射手座
格林、安徒生童話集 LiveABC 編輯群｜希伯崙	鏡之孤城 辻村深月｜皇冠	花甲男孩 楊富閔｜九歌
撒哈拉的故事 三毛｜皇冠	比霧更深的地方 張惠菁｜木馬文化	藍與黑 王藍｜九歌
給青年學生的十封信 黃崑巖｜聯經出版公司	這些人，那些事 吳念真｜圓神	過得還不錯的一年：我的快樂生活提案 葛瑞琴・魯賓（Gretchen Rubin）｜早安財經
從讀到寫，林怡辰的閱讀教育：用閱讀、寫作，讓無動力孩子愛上學習 林怡辰｜親子天下	完成：把不了了之的待辦目標變成已實現的有效練習 喬恩・阿考夫（Jon Acuff）｜天下雜誌	寧與高手爭高下，不與傻瓜論短長 老楊的貓頭鷹｜高寶

風象星座		
雙子座	天秤座	水瓶座
古都 川端康成｜木馬文化 葉慈詩選 楊牧／編｜洪範 福爾摩斯探案全集 亞瑟・柯南・道爾（Arthur Conan Doyle）｜臉譜 醫道同源：當老莊遇見黃帝內經 蔡璧名｜平安文化	秦始皇：一場歷史的思辨之旅 呂世浩｜平安文化 解憂雜貨店 東野圭吾｜皇冠 21 世紀的 21 堂課 哈拉瑞（Yuval Noah Harari）｜天下文化 生命中不能承受之輕 米蘭・昆德拉（Milan Kundera）｜皇冠	11 元的鐵道旅行 劉克襄｜遠流 複製美好的活法：從每一件小事開始改變，讓人生從此又好又棒 燕尾蕨｜好事文化事業出版社 20 幾歲就定位　因爲脆弱更要強大：看不到結果還繼續努力，才是眞勇氣 大越俊夫｜好的文化

水象星座		
巨蟹座	天蠍座	雙魚座
克雷的橋 馬格斯．朱薩克（Markus Zusak）｜木馬文化 **風箏落不下來** 陳繁齊｜大田 **頓悟！：全球首席心理成長大師教你如何活得漂亮的 15 堂心靈修煉課** 提姆．歐文（Tim Irvin）｜好優文化 **向康德學習請客吃飯** 顏擇雅｜印刻	**沒有答案的旅程** 朱永祥｜木馬文化 **誰在銀閃閃的地方，等你：老年書寫與凋零幻想** 簡媜｜印刻 **時間看得見：手帳天后「從這裡抵達夢想」的 8 條人生路徑** 王瀟｜有方文化 **漂流青年：1990 後出生的我們 × 一件襯衫** 黃山料｜三采	**你是時光最浪漫的解藥** 蘇乙笙｜悅知文化 **請帶我穿越這片海洋：記敘利亞、伊拉克、阿富汗、北非難民，以及跨地中海的悲劇航程** 卡里姆．埃爾－高哈利（Karim el-Gawhary）、瑪蒂爾德．施瓦本德（Mathilde Schwabeneder）｜漫遊者文化 **基因：人類最親密的歷史** 辛達塔．穆克（Siddhartha Mukherjee）｜時報出版 **泡麵爲什麼總是彎的？：136 個廚房裡的科學謎題** 羅伯特．沃克（Robert L. Wolke）｜臉譜

土象星座		
金牛座	處女座	摩羯座
如此歲月：洛夫詩選（一九八八——二〇一二） 洛夫｜九歌 **This is 達利** 凱薩琳·英葛蘭（Catherine Ingram）｜天培 **危險療程：心理學大師榮格、佛洛伊德，與她的故事** 約翰·克爾（John Kerr）｜商周出版 **過於喧囂的孤獨** 博胡米爾·赫拉巴爾（Bohumil Hrabal）｜大塊文化	**有些事，這些年我才懂：小野的人生思考** 小野｜究竟 **在天堂遇見的五個人** 米奇·艾爾邦（Mitch Albom）｜大塊文化 **深夜加油站遇見蘇格拉底** 丹·米爾曼（Dan Millman）｜心靈工坊 **厭世講堂：顛覆人生的十堂莊子課** 厭世哲學家｜遠流	**我不喜歡這世界，我只喜歡你** 喬一｜三采 **梅岡城故事** 哈波·李（Harper Lee）｜麥田 **情緒寄生：與自我和解的 34 則情感教育** 許皓宜｜遠流 **薩提爾的對話練習：以好奇的姿態，理解你的內在冰山，探索自己，連結他人** 李崇健｜親子天下

如何讓父母（孩子）聽我說？

家庭的氛圍營造，來自於家人間良好的溝通。父母說了，小孩拒絕聽進心坎；小孩認真說了，父母還是停留在說教。

彼此互踩對方地雷，是典型「有表達，沒溝通」的親子對話。

父母真心地以為自己在「溝通」，小孩也認為盡了最大的誠意在說明，殊不知一個是用「權力」在表達，一個是用「感覺」在表達。

台灣的父母偶爾會陷入愛提當年勇、又講太多的迷思。殊不知青少年通常對於這種陳腔濫調的溝通模式，大都會以放空、忽略、敷衍來應對。加上台灣父母也常陷入指導型的心直口快，性格激烈一點的青少年，不是回嗆就是直接發生衝突。

《孩子與青少年的不講話療法》作者瑪莎．史翠斯（Martha B.Straus）有過這樣的提醒：「最好是你什麼都不用說，但如果你想要他回答，你應該鼓勵青少年說。」

因此，「做父母需要學習！」的論潮讓此類的議題常居親子教養書暢銷榜的前幾名。每個父母都希望自己學會良好的親子溝通技巧、充實青少年心理學知識，善盡陪他們走一段的機會。

俗語說：「世間最傻父母心。」全然地給出真心，又得主動放手，讓他們獨立後，能靠自己愈走愈遠。年輕世代是否感受到父母默默地讓步？

孩子，真的不愛了嗎？

青少年是愛在心底口難開的世代，與其都是父母在讓步，當小孩的願意主動做好溝通，父母也會被這份柔軟的心給感動得不要不要的。

火象星座：火爆浪子的溫柔

♈ 牡羊座：找到回歸理性對話的契機

牡羊座的父母是脾氣來得快，去得也快的典型，常常把話說得沒有餘地，轉回身望見兒女的淚水又自責萬分，不知所措。自我意識強的牡羊，絕對不會認錯。總是在內心告訴自己：這次就算了，下次會小心。可怕的是，火爆的牡羊座只要遇到雙方意見不合的地雷，就瞬間引爆戰場，不斷重蹈覆轍的惡性循環，讓牡羊座變成拒絕溝通的父母。說真的，與善良的牡羊座父母溝通，只要收斂脾氣、走感性催淚路線，都能讓他們瞬間接上理智線，和你上演天倫大和解的戲碼。建議你可以閱讀郭強生**《何不認真來悲傷》**作者面對曾活得強悍勇敢的父親，漸漸健忘現實而老去，他不只要用心照顧，也要試著爬梳陷入一團混亂的生活。從照顧父親的歷程，有機會重圓父子情，他懊悔也慶幸，自己過去失去理解，現在有幸陪伴走過。「樹欲靜而風不止，子欲養而親不待」的道理，人人皆知，但與牡羊座父母相處的過程為什麼還是傷痕那麼多？書中記錄郭強生與父親生命的和解，提供你與牡羊座父母相處時，找到溫柔放下的心意，願意示弱與接納的情分，讓你與父母回歸理性對話的契機。

♌ 獅子座：適時放下強勢的身段

獅子座的事業心很旺盛，但在小孩的關鍵時刻，他們可是從不缺席的。忙碌的他們會把小孩交給比自己有經驗的父母；亦或是比自己專業度高的保母、托兒所等。但是，獅子座父母習慣把兒女的成就，當成自己的人生經營，他們可是密切在觀察小孩的發展，也是最常天天上臉書、Instagram和小孩互刷存在感的父母。但是主導性強的獅子，會造成自己和青少年子女之間，有了階級的主從關係後，就無法進行同理與溝通。孩子不是全然地接受變成媽寶型，就是全然地反抗變成叛逆型，獅子呈現極端教養關係。建議一起閱讀彭菊仙**《家有青少年之父母生存手冊》**適合小孩與父母共讀，讓獅子座父母從專業去理解孩子省話、衝動、敏感，都是有不能說的祕密。它讓獅子座父母知道：每個父母陪伴孩子成長的機會統統「只有一次」，有情、有效、有限地溝通，找到與孩子對話、教養的N種法寶，才能避開狂飆式相處的壓力，輕鬆與孩子溝通，孩子也能看見驕傲的獅子座父母願意為他們放下身段、做出改變的努力。兩代溝通不卡卡，相親相愛非難事！

♐ 射手座：給彼此一點空間

射手座的父母給自己小孩的彈性很大，他們是最願意讓步與溝通的父母，但是他們對孩子的未來，還是會不免俗地牽腸掛肚。他們最低門檻是孩子至少得要有一技之長，這樣的焦慮，讓自由派的他們竟然變成直升機父母。蓮娜・格雷納（Lena Greiner）、卡蘿拉・帕德柏（Carola Padtberg-Kruse）**《老師請把考試延期，我兒子要過生日》**的內容，其實是射手父母偶爾會出現的做法，他們超級挺孩子，卻又是希望孩子要自立自強的矛盾體。不斷地給意見，這點會很容易讓習慣從小父母給出很大自由度的青少年，誤解父母的用心，把他們都當成主導性強的直升機父母，而開始有了反抗心。加上射手的父母不是很有耐心一直和小孩在同一件事上繞圈子，所以常常溝通到一半就會變臉，這也讓青少年覺得父母表裡不一、說一套做一套。這本書如果能與父母一起討論，可以讓射手父母找到教養的分寸如何拿捏，讓他們知道過度了，不僅累死自己，也會害得孩子失去獨立自主的人生。愛孩子的射手座，一定會有自省力，給出適當的空間，讓孩子做自己。

風象星座：既反抗又聽話

♊ 雙子座：標準統一，別讓彼此捉摸不定

雙子座父母婚前常是崇尚自由的不婚主義者，但只要結了婚，有了下一代，他們無師自通、自動升級為好爸爸、好媽媽的角色。不過他們的教養會跟著自己的心情跌宕起伏，讓小孩捉摸不定。因為每件事的標準不一，會造成親子溝通上的困難。天馬行空的雙子座父母常以自己的規矩、心情在處理親子間的問題。雙子座父母的教養常是創意又浪漫的，和他們的心靈對話，必須在一個能釋放彼此的時空，例如：親子旅行。從**《父子三部曲》**的三部曲**《惜別日本》**，吳祥輝帶著孩子去旅行，連續四十一天的全火車自助行，顛覆父母子對日本的認知與想像。他以《異數：超凡和平凡的界線在哪裡？》的結論：一個人要出類拔萃，成為專業人物，得投入超過一萬小時。那麼教養小孩二十年，一天一到二小時，一萬小時只是基本款的時間。當小兒子培正與吳祥輝之間的對話與相處，給青少年一種啟發，其實換個地方說，你就能抽離現實，找

到情深的鏈結。下次，換你帶著雙子座的父母去旅行，相信事情會變得更好「喬」，你們的關係也有有親近的質變。

♎ 天秤座：不要吝惜說我愛你

天秤座父母是面面俱到、講究平衡發展的父母。他們對子女的叮嚀口吻溫和，卻很瑣碎。天秤希望小孩能在在學業成績、才藝表現上出類拔萃、高人一等。這點會讓青少年有喘不過氣的痛苦感與疏離感。雖然天秤座父母不會與子女有火爆的衝突，但是天秤座太把注意力放在小孩身上，讓青少年有種被監視或觀察的束縛感。催淚親情好書**《捨不得不見妳》**推薦給家中有天秤座父母的讀者。鍾文音面對父親早逝的驟變，此生與年輕母親的命運鎖鏈在一起，後來演變成綑綁自己一輩子所逃不開的母愛情結……或許，這本書提供家中有天秤座父母的青少年理解：父母也是老小孩，他們也有顆敏感、渴望被愛的心。一位要求很多的父母，通常也會要求自己同等付出，甚至更多的愛與時間。若能同理父母、照顧父母的心情，也會是子女此生最大的榮耀。其實，天秤座父母是很願意陪著孩子一起成長學習的，面對孩子遠走高飛的選擇，他們最後都能體會與支持。這本書讓青少年知道，一生都在追求人我平衡、完美演出的天秤座，多渴望子女能對他們說「我愛你」。

水瓶座：創造獨立思考、互相支持的對話模式

水瓶座愛唱反調及反權威，成為父母之後也是開放型的教養。不管有理無理，他們欣賞孩子據理力爭的反抗性，只要符合邏輯，他們都買單。長久下來，導致孩子無法同理他人的心聲。常常沒有界線地和小孩稱兄道弟，底線沒踩好，反客為主，小孩反而失去可以指引他們人生方向的明燈。因此，建議青少年可以用寫信的方式，把疑惑或是想法記錄下來與父母溝通。讓自己與家長能以文字沉澱彼此的共同價值，就像龍應台以不同於傳統威權的親子溝通，在**《親愛的安德烈》**中用三十六封理性又感性的家書，帶給水瓶座父母與家中青少年許多可以使用或思考的空間。

龍應台說：「人生無常，每一次相聚都可能是最後一次啊！」

安德烈說：「又要談生老病死？饒了我好不好？活，就是活著吧。」

親子間不同角度的思索，讓水瓶座父母給予輕狂年少的孩子，像提燈似的支持。

道德兩難、獨立思考、對話模式，都是水瓶座父母要畫出的教養底線。

水象星座：最浪漫的教養

♋ 巨蟹座：讓父母看見你的成熟，讓孩子看見你的放手

巨蟹座父母是十二星座保護性最高也最強的，一如水可載舟亦可覆舟，他們過度保護變成干預、過分關心變成嘮叨、過分指導變成控制，因此常讓孩子有被情緒勒索的負面感受。其實和巨蟹座父母相處，必須適度地提醒他們放手，只是手法不能過度激烈，巨蟹座父母無法承受子女對他們突然的決絕、背叛、意識的挑戰。家人是他們一生的依靠，把孩子當人生第一位的他們，其實只要遇對方法，就是好爸爸、好媽媽代表。**《一個人好孝順：高木直子帶著爸媽去旅行》**，高木直子療癒的圖文，讓我們知道：孝順並不難，巨蟹座父母只要你陪他好好吃頓飯就心滿意足了！當你可以為父母主導一次旅行時，不只重溫兒時珍貴的回憶，帶著愛你的父母出走，讓他們知道：你長大了，也可以獨當一面。雖然會有觀念上的代溝，但愛是唯一的解答。讓年老的父

母懂得你的承擔、你的成熟、你的勇敢，讓他們放心地讓你單飛。

♏ 天蠍座：守衛彼此的情緒界線

天蠍座父母是不怕硬碰硬、超級會和子女冷戰的星座，他們的潛規則不容有變化或妥協。其實學會和天蠍座父母當朋友，對子女是有利的，這點會讓天蠍座放下堅持，願意傾聽或傾訴。只要讓天蠍座了解你的想法，他們就會卸下防衛線，願意對子女敞開心胸。他們也很在意孩子對他們的禮貌，他們無法接受孩子叫他們名字的輕佻做法。不過天蠍座的控制欲與保護欲太爆棚，愈親近的人愈喘不過氣來。天蠍父母要的不是「正確答案」而是「聰明答案」，因此賴宇凡**《守衛你的情緒界線》**讓你懂得如何守衛自己與他人的情緒界線，也找到與父母溝通的方式，甚至讓天蠍的父母知道：自己的應對也會左右小孩未來處理人際關係的方式！雙方最好都能練習情緒界線，不至於犯了想到什麼說什麼的溝通大忌，一起找到不欺人也不被人欺的溝通模式，讓彼此的人生都有可能亮麗「出線」！

♓ 雙魚座：切忌意氣用事，書寫交換日記

雙魚座父母浪漫又感性，他們很肯為子女的成長謀取福祉，願意給出最大的愛與關懷，極度犧牲奉獻地照料小孩。不過，容易情緒化及意氣用事，常會說出令孩子爆氣，或是覺得為難的行為。雙魚座父母是會投注畢生精力，願意為孩子擔任全職爸爸、媽媽，只想給孩子最好的資源與機會，雙魚也願意花時間經營親人共處的美好時光。因此李偉文和A、B寶**《閱讀是最浪漫的教養》**很適合青少年與父母透過閱讀建立相互的教養共識，也讓過於感性的雙魚父母，找到理性教養的可能。你可以和父母一起討論音樂、電影、電視劇、閱讀，從喜歡的事分享起，甚至和父母寫日記，交換分享生活的小祕密！面對雙魚座父母最好的溝通，就是一起書寫交換日記！性情纖細、善感多愁的雙魚父母，最能從書寫感知文字底下的訊息。富有藝術天賦的父母，也會用不同的感知拓展孩子的視野，讓你領會內在心靈的鼓音。

土象星座：暖心交心拉近距離

♉ 金牛座：放下牛脾氣，成爲彼此的鐵粉

金牛座父母比較會陷於慣性與自我思維的世界，重視家庭觀的金牛，在物質上會給予小孩很優渥的支持，更是務實有才又內斂寡言的父母。他們不喜歡與小孩有所衝突，但是面對彼此價值觀的歧異，常會固執己見，互相僵持，影響家庭和諧，例如：他們會以自己的喜好當作教養的依據。甚至心結愈結愈多，無法化解。最慘的是，若踩到金牛的死穴，他們就關起心門，拒絕溝通，表現出更沉默以對的鴕鳥心態。這會讓青春期的孩子悶到內傷，甚至陷入對牛談「情」的窘境。林俊毅**《爸媽，我有話要說》**讓你透過八十個困惑的親子溝通點，讓牛脾氣、慢半拍的父母，透過良好的溝通術，進行親子關係的修補。更能在情境式的模擬中，與金牛座的父母修好、修滿相互理解的人生功課，讓彼此成為最親密的鐵粉、最忠實的知音。「給同學貼心叮嚀」、「給父母的溫柔提醒」讓你們做好高度溝通，成為生命中最重要的朋友，彼此幸福相伴。

♍ 處女座：父母不會讀你的心，孩子也不是你的複製品

處女座父母的教養最按表操課，書上怎麼說，只要他們認同了，就會認真地照書中的步驟養育自己的下一代。你和父母的溝通需要以柔克剛，處女座外圓內方，是原則型父母，你要忤逆他們的意思，通常是以卵擊石、有去無回的溝通。展現你主動學習力，自行解決問題的能力，讓處女座父母知道：孩子已經長大了。**《一言九頂．親子過招》**內容很適合處女座父母與小孩一起討論：頂，是小孩還有話要說，處女座父母要不要聽？饒夢霞說：「頂嘴，從另一個角度來看，應該是可喜的，表示孩子想要跟父母、師長有所溝通，只是因為聚不到焦，雙方各說各話，都不肯靜下來聽對方說。」與處女座父母溝通，你必須讓他們知道：你要的言教是，你的道理之外，還有溝通、妥協、同理；你的身教之外，也要接受我們各自美麗的生命，皆有獨特的情韻呈現。當處女座父母意識到：孩子不是我們的複製品時，青少年只要把握機會，不逞面子，與父母暖心交心，有條不紊、有禮有情地說出自己的想法，贏得處女座的父母心，絕非難事。

♑ 摩羯座：記得回應、同理父母！注意給孩子的鼓勵是否帶有命令性！

摩羯座父母明明是想給孩子鼓勵，但他們的「加油」帶有命令性，聽在小孩心中卻是滿滿的壓力！他們的成功是刻意練習的結果，因此十分重視孩子後天學習的能力。責任心強的摩羯習慣擔任糾察隊的角色，通常會給孩子嚴肅龜毛的感覺。其實他們是最樂意陪伴小孩重新過一次童年生活、甚至青少年時期的父母。不過太在意兄友弟恭的傳統，摩羯座父母通常扮演具有決定孩子人生選擇的關鍵人物。**《當時應該說出口的話》**作者凱莉．柯利根（Kelly Corrigan）告訴我們在某些關鍵時刻，我們該對自己所愛的人（包括自己）說些什麼，才能讓事情變得美好。「然後呢？」這是給父母最好的建議，學會先傾聽再說話。「我懂」是回應父母、同理父母，最好的話。話多不如話好，只要簡單的幾個字，然後「靜默」，最能撫慰父母心，找到溝通的力量。

了解父母的個性與思考，青少年就學會該使用什麼適切的溝通術說話。當你說得夠好，就能讓父母即便未來面對老病，仍能意志昂揚地為自己而戰；為自己而優雅地過日子。

青少年若能先理解十二星座父母的脾性，站在同理與尊重父母的思考上，即便順心而論也能達到雙方「你懂我，我懂你」的親子對話。只要善用星座與閱讀雙拼的好方法，就能把話說到心坎上，成為暖心療癒系家人。你說：哪個父母有能力抵抗小孩這種彷若讀心的溝通術呢？

怡慧老師「星座 × 閱讀」(十四):親子溝通共讀推薦書單

火象星座		
牡羊座	**獅子座**	**射手座**
何不認眞來悲傷 郭強生｜天下文化	家有青少年之父母生存手冊:看懂孩子省話、衝動、敏感背後的祕密 彭菊仙｜天下文化	老師請把考試延期,我兒子要過生日:德國直升機父母毀滅教育現場實錄 蓮娜・格雷納(Lena Greiner)、卡蘿拉・帕德柏(Carola Padtberg-Kruse)｜高寶

風象星座		
雙子座	**天秤座**	**水瓶座**
惜別日本:父母子的日本全火車旅行 吳祥輝｜蝴蝶蘭文創	捨不得不見妳:女兒與母親,世上最長的分手距離 鍾文音｜大田	親愛的安德烈 龍應台、安德烈(Andreas Walther)｜印刻

水象星座		
巨蟹座	天蠍座	雙魚座
一個人好孝順：高木直子帶著爸媽去旅行 高木直子｜大田	守衛你的情緒界線：溝通減壓法十招，讓人際關係不再左右為難、疾病不上身 賴宇凡｜如何	閱讀是最浪漫的教養：AB 寶的親子交換日記 李偉文、A、B寶｜野人

土象星座		
金牛座	處女座	摩羯座
爸媽，我有話要說：讓孩子更愛父母、父母更懂孩子的 80 堂溝通必修課 林俊毅｜城邦印書館	一言九頂．親子過招：父母的一言九「鼎」VS孩子的一言九「頂」，是在放煙火？還是在爆破？ 饒夢霞｜大塊文化	當時應該說出口的話：該說什麼，能安慰所愛、讓人釋懷；什麼話可以停止爭吵、挽回一切，或是成功告白，改寫那段人生結果 凱莉．柯利根（Kelly Corrigan）｜大是文化

星讀物語

怡慧老師十二星座的閱讀配對處方箋

作者　宋怡慧

封面設計　兒日
內頁設計　吳佳璘
責任編輯　魏于婷

董事長　林明燕
副董事長　林良珀
藝術總監　黃寶萍
執行顧問　謝恩仁

社長　許悔之
總編輯　林煜幃
主編　施彥如
美術編輯　吳佳璘
企劃編輯　魏于婷
行政助理　陳芃妤

策略顧問　黃惠美・郭旭原・郭思敏・郭孟君
顧問　施昇輝・林子敬・謝恩仁・林志隆
法律顧問　國際通商法律事務所／邵瓊慧律師

出版　有鹿文化事業有限公司
地址　台北市大安區信義路三段 106 號 10 樓之 4
電話　02-2700-8388
傳真　02-2700-8178
網址　www.uniqueroute.com
電子信箱　service@uniqueroute.com

製版印刷　鴻霖印刷傳媒股份有限公司

總經銷　紅螞蟻圖書有限公司
地址　台北市內湖區舊宗路二段121巷19號
電話　02-2795-3656
傳真　02-2795-4100
網址　www.e-redant.com

國家圖書館出版品預行編目(CIP)資料

星讀物語：怡慧老師十二星座的閱讀配對處方箋／宋怡慧著
一初版．一臺北市：有鹿文化，2019.4
面；公分．一（看世界的方法；148）
ISBN：978-986-96776-8-4(平裝)
1. 閱讀指導 2. 中等教育
524.31　108002809

ISBN：978-986-96776-8-4
初版：2019年4月
初版第二次印行：2021年2月20日

定價：350元

本書推薦書目以截稿日2019年2月底前之出版品為主